드림중국어 HSKK 시험 대비 문제집

(800 개의 토픽으로 HSKK 초/중/고급을 완벽히 대비하기)

梦想中国语 HSKK 考试会话题库

（800 个话题 备考 HSKK 初/中/高级）

드림중국어 HSKK 시험 대비 문제집

(800 개의 토픽으로 HSKK 초/중/고급을 완벽히 대비하기)

梦想中国语 HSKK 考试会话题库

(800 个话题 备考 HSKK 初/中/高级)

종이책 발행 2020 년 12 월 01 일
전자책 발행 2020 년 12 월 01 일

저자: 류환 (刘欢)
디자인: 曹帅

발행인: 류환
발행처: 드림중국어
주소: 인천 서구 청라루비로 93, 7 층 703 호
전화: 032-567-6880
이멜: 5676888@naver.com
등록번호: 654-93-00416
등록일자: 2016 년 12 월 25 일

종이책 ISBN: 979-11-91186-90-1 (13720)
전자책 ISBN: 979-11-91186-92-5 (15720)

값: 29,800 원

이 책은 저작권법에 따라 보호받는 저작물이므로 무단복제나 사용은 금지합니다. 이 책의 내용을 이용하거나 인용하려면 반드시 저작권자 드림중국어의 서면 동의를 받아야 합니다. 잘못된 책은 교환해 드립니다.

머리말

<HSKK 초급/ HSKK 중급/ HSKK 고급>의 시험 구성은 비슷하다. 모두 세 부분으로 나눠져 있다. 그 중 마지막, 즉 세 번째 부분인 <질의 응답> 부분이 가장 어렵다.

이 책은 주로 <HSKK 초/중/고급>의 가장 어려운 영역인 세 번째, <질의 응답 영역>을 다룬다. 총 800개의 대화 주제를 제시했으며, 이 800개의 대화 주제는 실제로 HSKK 초급, 중급, 고급 시험에서 출제된 문제도 있고 칭화대학교 등 중국 명문대 면접 시험 문제도 포함한다. 그 외, 앞으로 HSKK 시험의 다양한 예상 문제들도 많이 포함한다.

'진, 선, 미' 중 '진'(솔직함)이 언제나 1순위다. HSKK 고득점 비결은 역시 솔직함이다. 솔직하게 자신만의 남다른 생각을 중국어로 유창하게 표현하는 것이 선생님들에게 가장 인기가 많다.

준비하면서 어려운 점이 있으면 드림중국어 원어민 수업을 이용해 보길 바란다. 원어민 선생님과 연습할 때 자신이 관심 있는 대화 주제를 골라서 자유롭게 대화를 하며 시험을 대비하면 된다.

드림중국어 원어민 수업 체험 예약 (30분)

원어민 회화 체험 수업을 신청하세요. (네이버 아이디로 들어감)

http://naver.me/5medbgFk

ZOOM 1:1 수업, 휴대폰/태블릿/컴퓨터로 수업 가능

목 록

대화 주제 1-100..1

대화 주제 101-200..35

대화 주제 201-300..69

대화 주제 301-400...103

대화 주제 401-500...137

대화 주제 501-600...174

대화 주제 601-700...210

대화 주제 701-800...244

드림중국어 원어민 수업 체험 예약 (30 분)

QR 코드를 스캔해서 중국어 체험 수업 신청하세요.

(네이버 아이디로 들어감)

ZOOM 1:1 수업, 휴대폰/태블릿/컴퓨터로 수업 가능

 梦想中国语　会话

대화 주제 1-100

1. 请做一下自我介绍。

    Qǐng zuò yíxià zìwǒ jièshào.

    자기 소개해 보세요.

2. 请介绍一下你的家庭。

    Qǐng jièshào yíxià nǐ de jiātíng.

    당신의 가족을 소개해 보세요.

3. 请介绍一下你最近喜欢听的一首歌曲。

    Qǐng jièshào yíxià nǐ zuìjìn zuì xǐhuān tīng de yì shǒu gēqǔ.

    요즘 좋아하는 노래 한 곡을 소개해 주세요.

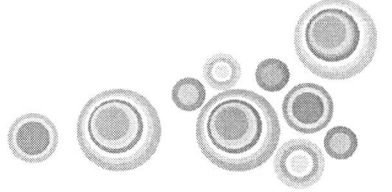

4. 请介绍一下你最近喜欢读的一本书。

   Qǐng jièshào yíxià nǐ zuìjìn xǐhuān dú de yì běn shū.

   당신이 최근에 즐겨 읽은 책을 소개해 보세요.

5. 请介绍一下你最近喜欢看的一部电影。

   Qǐng jièshào yíxià nǐ zuìjìn xǐhuān kàn de yí bù diànyǐng

   당신이 최근에 즐겨 본 영화를 소개해 보세요.

6. 请介绍一下你最近喜欢看的一部电视剧。

   Qǐng jièshào yíxià nǐ zuìjìn xǐhuān kàn de yí bù diànshìjù

   당신이 최근에 즐겨 본 드라마를 소개해 보세요.

 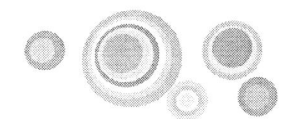

7. 你喜欢看什么中国电影?

  Nǐ xǐhuān kàn shénme zhōngguó diànyǐng?

  어떤 중국 영화를 좋아하세요?

8. 你喜欢什么类型的音乐?

  Nǐ xǐhuān shénme lèixíng de yīnyuè?

  어떤 종류의 음악을 좋아하세요?

9. 你讨厌什么类型的音乐?

  Nǐ tǎoyàn shénme lèixíng de yīnyuè?

  어떤 종류의 음악을 싫어하세요?

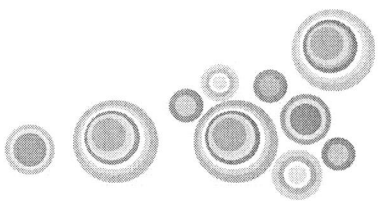

梦想中国语 会话

10. 你最讨厌的一部电影是什么?

   Nǐ zuì tǎoyàn de yí bù diànyǐng shì shénme?

   당신이 가장 싫어하는 영화는 무엇인가요?

11. 你不喜欢读什么书?

   Nǐ bù xǐhuān dú shénme shū?

   어떤 책을 좋아하지 않아요?

12. 谈一下你最近喜欢穿什么衣服?

   Tán yíxià nǐ zuìjìn xǐhuān chuān shénme yīfú?

   요즘 당신이 즐겨 입는 옷은 무엇인가요?

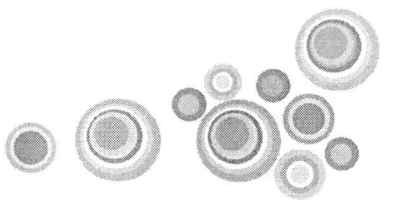

梦想中国语　会话

13. 你不喜欢穿什么衣服?

Nǐ bù xǐhuān chuān shénme yīfú?

당신은 어떤 옷을 입기 싫어하세요?

14. 你喜欢什么颜色? 为什么?

Nǐ xǐhuān shénme yánsè? Wèishénme?

어떤 색깔을 좋아하세요? 왜요?

15. 韩国人比较喜欢什么颜色?

Hánguó rén bǐjiào xǐhuān shénme yánsè?

한국 사람은 어떤 색깔을 비교적 좋아하세요?

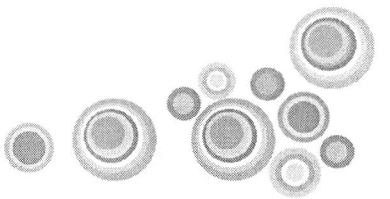

梦想中国语 会话

16. 韩国人比较喜欢什么数字?

    Hánguó rén bǐjiào xǐhuān shénme shùzì?

    한국 사람은 어떤 숫자를 비교적으로 좋아해요?

17. 中国人比较喜欢什么颜色?

    Zhōngguó rén bǐjiào xǐhuān shénme yánsè?

    중국 사람은 어떤 색을 비교적 좋아해요?

18. 中国人比较喜欢什么数字?

    Zhōngguó rén bǐjiào xǐhuān shénme shùzì?

    중국 사람은 어떤 숫자를 비교적 좋아해요?

19. 请介绍一下自己的长相。

Qǐng jièshào yíxià zìjǐ de zhǎngxiàng.

자신의 외모에 대해 소개해 보세요.

20. 如果能选择，你会选择让哪个画家给你画肖像？

Rú guǒ néng xuǎn zé, nǐ huì xuǎn zé ràng nǎge huàjiā gěi nǐ huà xiāoxiàng?

만약 선택할 수 있다면 당신은 어느 화가가 당신의 초상을 그리게 하겠어요?

21. 你对你的身体最满意的部位是哪里？

Nǐ duì nǐ de shēntǐ zuì mǎnyì de bùwèi shì nǎlǐ?

당신이 가장 만족하는 신체 부위는 어디예요?

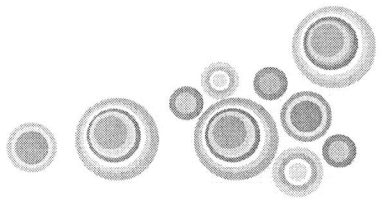

22. 长头发和短头发，你比较喜欢哪一种？

Zhǎng tóu fā hé duǎn tóu fā, nǐ bǐjiào xǐ huān nǎ yì zhǒng?

긴 머리카락과 짧은 머리카락, 당신은 어떤 머리카락을 비교적 좋아하세요?

23. 你多长时间去一次理发店？你最喜欢去哪家理发店？

Nǐ duō cháng shíjiān qù yí cì lǐfà diàn? Nǐ zuì xǐhuān qù nǎ jiā lǐfà diàn?

미용실에 얼마나 자주 가요? 당신은 어느 미용실에 가는 것을 가장 좋아하세요?

24. 你上次换发型是什么时候？一般什么时候换发型？

Nǐ shàng cì huàn fàxíng shì shén me shíhòu? yìbān shén me shíhòu huàn fà xíng?

당신은 지난번에 헤어스타일을 바꾼게 언제예요? 보통 언제 헤어스타일을 바꾸세요?

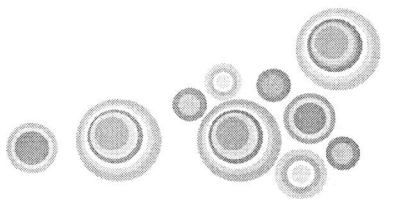

25. 给我们介绍一下，你一天 24 小时一般怎么度过。

Gěi wǒ men jièshào yíxià, nǐ yītiān 24 xiǎo shí yìbān zěn me dùguò.

하루에 24시간을 어떻게 보내는지 우리에게 소개해 보세요.

26. 时间和金钱，你觉得哪个更重要？

Shíjiān hé jīn qián, nǐ jué dé nǎ ge gèng zhòng yào?

시간과 돈 중에 어느 것이 더 중요하다고 생각해요?

27. 昨天你做什么了？

Zuó tiān nǐ zuò shén me le?

어제 당신은 무엇을 했어요?

28. 你在业余时间最喜欢做什么？

Nǐ zài yè yú shíjiān zuì xǐ huān zuò shén me?

당신은 여가 시간에 무엇을 하는 것을 가장 좋아하세요?

29. 如果你的一天比其他人多出一个小时，你会用这一个小时做什么？

Rú guǒ nǐ de yìtiān bǐ qítā rén duō chū yígè xiǎo shí, nǐ huì yòng zhè yí gè xiǎo shí zuò shén me?

만약 당신은 다른 사람보다 하루에 한 시간이 더 많아진다면 이것으로 무엇을 하겠어요?

30. 你每天花多长时间看手机？为什么？

Nǐ měi tiān huā duō cháng shíjiān kàn shǒu jī? Wèi shén me?

핸드폰을 보는데 매일 얼마나 걸려요? 왜요?

31. 你每天花多长时间打电话？

Nǐ měi tiān huā duō cháng shíjiān dǎ diàn huà?

매일 전화하는 시간이 얼마나 돼요?

32. 你每天发几条短信？

Nǐ měi tiān fā jǐ tiáo duǎn xìn?

당신은 매일 몇 개의 문자 메시지를 보내요?

33. 最近一次发短信是什么时候？什么内容？

Zuì jìn yí cì fā duǎn xìn shì shén me shí hòu? Shén me nèi róng?

가장 최근에 문자를 보낸 게 언제예요? 무슨 내용이에요?

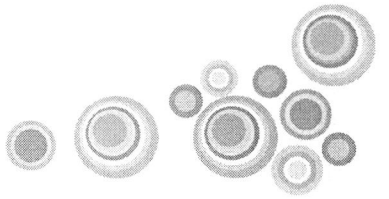

34. 请发一个语音，送给10年后的自己。

Qǐng fā yí gè yǔ yīn, sòng gěi 10 nián hòu de zì jǐ.

10년 후의 자신에게 음성 메시지 하나를 보내 보세요.

35. 如果看到10年前的自己，你会对他说什么？

Rú guǒ kàn dào 10 nián qián de zì jǐ, nǐ huì duì tā shuō shén me?

10년 전의 자신을 볼 수 있다면 당신은 어떤 말을 해 주고 싶어요?

36. 你一天花多长时间在网络上？一般做什么？

Nǐ yìtiān huā duō cháng shíjiān zài wǎng luò shàng? Yī bān zuò shén me?

인터넷에서 하루에 얼마나 시간을 써요? 보통 뭐 해요?

37. 如果时间可以倒流，你最想回到什么时候？为什么？

　　Rú guǒ shíjiān kě yǐ dào liú, nǐ zuì xiǎng huí dào shén me shí hòu? Wèi shén me?

　　만약 시간을 거꾸로 흐를 수 있다면 언제로 돌아가고 싶어요? 왜요?

38. 你有什么高效利用时间的好点子吗？请分享一下。

　　Nǐ yǒu shén me gāo xiào lì yòng shí jiān de hǎo diǎn zi ma? Qǐng fēn xiǎng yíxià.

　　당신은 시간을 효율적으로 이용하는 좋은 아이디어가 있어요? 얘기해 보세요.

39. 今天对你来说是特别的一天吗？为什么？

　　Jīn tiān duì nǐ lái shuō shì tè bié de yìtiān ma? Wèi shén me?

　　당신한테 오늘은 특별한 날이에요? 왜요?

40. 你最喜欢星期几？为什么？

Nǐ zuì xǐ huān xīng qī jǐ? Wèi shén me?

무슨 요일을 제일 좋아하세요? 왜요?

41. 你最不喜欢星期几？为什么？

Nǐ zuì bù xǐhuān xīng qī jǐ? Wèi shén me?

무슨 요일을 제일 싫어하세요? 왜요?

42. 一天24小时，你最喜欢哪个时间段？为什么？

yìtiān 24 xiǎo shí, nǐ zuì xǐ huān nǎ ge shí jiān duàn? Wèi shén me?

하루 24시간 중에 당신은 가장 좋아하는 시간대는 언제이에요? 왜요?

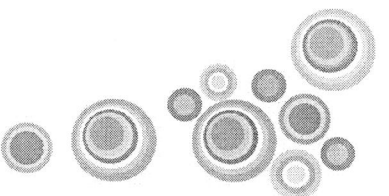

43. 做什么事情能让你每天早上变得幸福一些?

Zuò shén me shìqíng néng ràng nǐ měi tiān zǎo shang biàn de xìng fú yì xiē?

어떤 일을 하면 당신의 아침이 행복해져요?

44. 你认为完美的一天应该是什么样子的?

Nǐ rèn wéi wán měi de yìtiān yīng gāi shì shén me yàng zi de?

당신한테 완벽한 하루는 어떤 모습이에요?

45. 下班后,做什么事情会让你感觉幸福?

Xiàbān hòu, zuò shén me shì qíng huì ràng nǐ gǎn jué xìng fú?

퇴근 후 어떤 일을 하면 행복해져요?

梦想中国语 会话

46. 你有什么爱好？请谈一下它对你的影响。

Nǐ yǒu shén me ài hào? Qǐng tán yíxià tā duì nǐ de yǐng xiǎng.

어떤 취미가 있어요? 그것이 당신에게 준 영향에 대해서 말씀해 주세요.

47. 你对自己的体重和身材满意吗?

Nǐ duì zì jǐ de tǐ zhòng hé shēn cái mǎn yì ma?

당신은 자신의 체중과 몸매에 만족해요?

48. 你是一个内向的人还是外向的人?

Nǐ shì yígè nèi xiàng de rén hái shì wài xiàng de rén?

당신은 내향적이에요? 아니면 외향적이에요?

49. 你是个主动的人？还是被动的人？

Nǐ shìgè zhǔdòng de rén? Háishì bèidòng de rén?

당신은 주도적인 사람이에요 아니면 수동적인 사람이에요?

50. 你是一个感性的人，还是一个理性的人？

Nǐ shì yígè gǎnxìng de rén, háishì yígè lǐxìng de rén?

당신은 감성적인 사람이에요 아니면 이성적인 사람이에요?

51. 你比较喜欢领导别人，还是喜欢跟随别人？

Nǐ bǐ jiào xǐ huān lǐng dǎo bié rén, hái shì xǐ huān gēn suí bié rén?

당신은 남을 리드하는 게 좋아해요 아니면 남을 따르는 게 좋아해요?

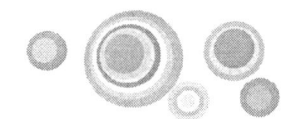

52. 你是一个教别人学习的人，还是向别人学习的人？

    Nǐ shì yí gè jiào bié rén xué xí de rén, hái shì xiàng bié rén xué xí de rén?

    당신은 다른 사람을 가르치는 사람이에요 아니면 다른 사람에게서 배우는 사람이에요?

53. 你是一个三心二意的人，还是一心一意的人？

    Nǐ shì yí gè sān xīn èr yì de rén, hái shì yī xīn yī yì de rén?

    당신은 집중 잘 안 되는 사람이에요 아니면 한 마음 한 뜻이 되는 사람이에요?

54. 你更相信推理，还是更相信直觉？

    Nǐ gèng xiāng xìn tuī lǐ, hái shì gèng xiāng xìn zhí jué?

    추리를 더 믿어요 아니면 직감을 더 믿어요?

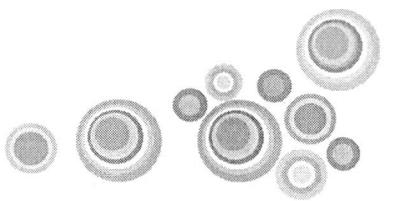

55. 你是一个注意力集中的人吗?

Nǐ shì yí gè zhùyì lì jí zhōng de rén ma?

집중력이 강한 사람이세요?

56. 你认为自己是个善良的人吗?

Nǐ rèn wéi zì jǐ shì gè shàn liáng de rén ma?

당신은 자신이 착한 사람이라고 생각하세요?

57. "真，善，美"，你最看重哪一个? 为什么?

"Zhēn, shàn, měi", nǐ zuì kàn zhòng nǎ yígè? Wèi shén me?

"진, 선, 미"중에서 어느 것을 가장 중요시해요? 왜요?

梦想中国语 会话

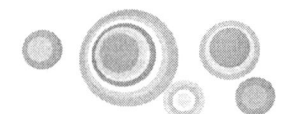

58. 你觉得自己是一个幸运的人吗?

Nǐ jué dé zì jǐ shì yí gè xìng yùn de rén ma?

당신은 자신이 행운아라고 생각해요?

59. 请介绍一下自己很珍惜的一样东西。

Qǐng jiè shào yí xià zìjǐ hěn zhēn xī de yī yàng dōng xī.

자신이 소중히 여기는 한 가지 물건을 소개해 주세요.

60. 你最想扔掉的一件东西是什么?

Nǐ zuì xiǎng rēng diào de yī jiàn dōng xī shì shén me?

어떤 물건을 가장 버리고 싶어요?

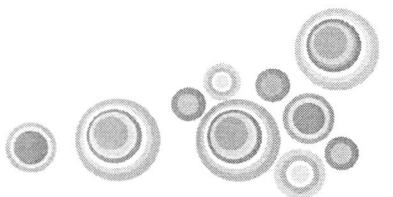

梦想中国语 会话

61. 谈一个最近你刚刚知道的事情。

Tán yígè zuì jìn nǐ gāng gāng zhī dào de shì qíng.

최근에 새로 알게 된 일을 하나 말해 보세요.

62. 哪个地方会让你觉得很放松？很舒服？

Nǎ ge dì fāng huì ràng nǐ jué dé hěn fàng sōng? Hěn shū fú?

어느 곳이 당신을 매우 편안하게 느끼게 해요?

63. 和谁在一起的时候，你会感觉很幸福？

Hé shéi zài yì qǐ de shí hòu, nǐ huì gǎn jué hěn xìng fú?

누구와 함께 있을 때 당신은 행복하다고 느껴요?

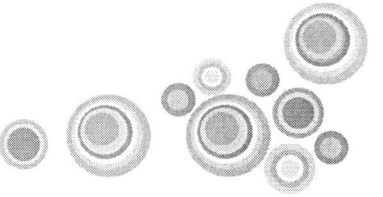

64. 坏消息和好消息，你一般会选择先听哪一个？为什么？

Huài xiāo xī hé hǎo xiāo xī, nǐ yī bān huì xuǎn zé xiān tīng nǎ yí gè? Wèi shén me?

나쁜 소식과 좋은 소식 중에 보통 어느 것을 먼저 듣겠어요? 왜요?

65. 有没有一首歌经常在你的脑海中回荡？是什么？

Yǒu méiyǒu yì shǒu gē jīng cháng zài nǐ de nǎo hǎi zhōng huídàng? Shì shén me?

머리속에 자주 떠오르는 노래가 있어요? 그게 뭐예요?

66. 你最喜欢家里哪个家具？

Nǐ zuì xǐhuān jiā lǐ nǎ ge jiā jù?

당신은 집 안에 있는 어떤 가구를 가장 좋아하세요?

梦想中国语　会话

67. 在你家里，你最喜欢的一个家用电器是什么？

Zài nǐ jiālǐ, nǐ zuì xǐ huān de yígè jiā yòng diàn qì shì shén me?

집에서 가장 좋아하는 가전 제품은 무엇인가요?

68. 有没有什么家具或者家用电器是你特别想买但一直没买的？

Yǒu méi yǒu shén me jiā jù huò zhě jiāyòng diànqì shì nǐ tèbié xiǎng mǎi dàn yīzhí méi mǎi de?

특별히 사고 싶은데 사지 못한 가구나 가전 제품이 있어요?

69. 你有几样电子产品？

Nǐ yǒu jǐ yàng diàn zǐ chǎnpǐn?

당신은 몇 가지의 전자 제품을 가지고 있어요?

70. 你最喜欢什么电子产品?

Nǐ zuì xǐhuān shénme diànzǐ chǎnpǐn?

무슨 전자 제품을 제일 좋아하세요?

71. 你借给过别人钱吗? 或者别人向你借过钱吗?

Nǐ jiè gěiguò biérén qián ma? Huòzhě biérén xiàng nǐ jièguò qián ma?

남에게 돈을 빌려 준 적이 있어요? 아니면 누군가가 당신에게 돈을 빌린 적이 있나요?

72. 今天你穿了什么衣服? 哪件衣服最旧?

Jīntiān nǐ chuānle shénme yīfú? Nǎ jiàn yīfú zuì jiù?

오늘 당신은 무슨 옷을 입었어요? 어느 옷이 가장 오래됐어요?

73. 介绍一下你今天穿了什么。哪件衣服最新?

Jièshào yíxià nǐ jīntiān chuānle shénme. Nǎ jiàn yīfú zuìxīn?

오늘 무엇을 입었는지를 소개해 주세요. 어떤 옷이 최신이에요?

74. 你最近做过梦吗? 谈一下印象深刻的一个梦。

Nǐ zuìjìn zuòguò mèng ma? Tán yíxià yìnxiàng shēnkè de yígè mèng.

최근에 꿈을 꾸었어요? 기억에 남는 꿈을 하나 이야기해 보세요.

75. 你的记忆中有没有什么刻骨铭心的事情?

Nǐ de jì yì zhōng yǒu méiyǒu shén me kègǔmíngxīn de shìqíng?

당신의 기억 속에 인상 깊은 일이 있어요?

梦想中国语 会话

76. 你最喜欢问别人什么问题？

Nǐ zuì xǐ huān wèn bié rén shén me wèn tí?

당신은 다른 사람에게 어떤 문제를 묻기를 좋아하세요?

77. 你最近一次用纸笔给别人写信是什么时候？

Nǐ zuìjìn yícì yòng zhǐ bǐ gěi bié rén xiě xìn shì shén me shíhòu?

당신이 마지막으로 다른 사람에게 종이와 펜으로 편지를 쓴 것은 언제예요?

78. 你最近一次收到别人用纸和笔给你写的信是什么时候？

Nǐ zuìjìn yícì shōu dào biérén yòng zhǐ hé bǐ gěi nǐ xiě de xìn shì shén me shí hòu?

당신이 종이와 필로 쓴 편지를 최근 받은 때가 언제예요?

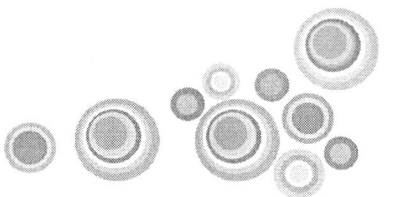

79. 你最近一次去电影院看电影是什么时候？看了什么？

　　Nǐ zuì jìn yícì qù diànyǐngyuàn kàn diànyǐng shì shénme shíhòu? Kànle shénme?

　　가장 최근에 영화관에 가 본 때가 언제예요? 무엇을 보았어요?

80. 你最近一次去练歌房唱歌是什么时候？

　　Nǐ zuìjìn yí cì qù liàn gē fáng chàng gē shì shén me shí hòu?

　　가장 최근에 노래방에 간 게 언제예요?

81. 你最近一次旅游是什么时候？

　　Nǐ zuìjìn yí cì lǚ yóu shì shén me shí hòu?

　　가장 최근 여행하신게 언제예요?

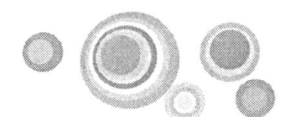

82. 你最近一次坐飞机是什么时候？

Nǐ zuìjìn yí cì zuò fēijī shì shénme shíhòu?

가장 최근에 비행기를 탔을 때는 언제예요?

83. 你认为人的一生能够只爱一个人吗？

Nǐ rènwéi rén de yīshēng nénggòu zhǐ ài yígè rén ma?

한 사람의 일생을 한 사람만을 사랑할 수 있다고 생각해요?

84. 你最近的健康情况怎么样？从1到10，你给自己打几分？

Nǐ zuìjìn de jiànkāng qíngkuàng zěnme yàng? Cóng 1 dào 10, nǐ gěi zì jǐ dǎ jǐ fēn?

최근의 건강 상태는 어떠세요? 1에서 10까지, 당신은 자신에게 몇 점을 줘요?

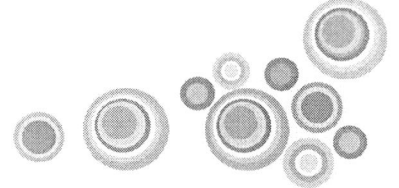

85. 你所有的生活习惯中，哪个习惯对健康最有益？

   Nǐ suǒyǒu de shēnghuó xíguàn zhōng, nǎge xíguàn duì jiànkāng zuì yǒuyì?

   당신의 모든 생활습관 중에 어떤 습관이 건강에 가장 이로워요?

86. 你所有的生活习惯中，哪个习惯对健康最有害？

   Nǐ suǒyǒu de shēnghuó xíguàn zhōng, nǎge xíguàn duì jiànkāng zuì yǒuhài?

   당신의 모든 생활 습관 중에 어떤 습관이 건강에 가장 해로워요?

87. 为了保持健康，你觉得应该怎么做？

   Wèile bǎochí jiànkāng, nǐ jué dé yīng gāi zěn me zuò?

   건강을 지키기 위해서는 어떻게 해야 한다고 생각해요?

88. 你周围认识的人中，你觉得谁的生活习惯最健康？为什么？

Nǐ zhōu wéi rèn shí de rén zhōng, nǐ jué dé shéi de shēnghuó xíguàn zuì jiànkāng? Wèi shén me?

당신 주위의 지인들 가운데서 누구의 생활 습관이 가장 건강하다고 생각해요? 왜요?

89. 你有没有恨过一个人？因为什么事情？

Nǐ yǒu méiyǒu hènguò yígè rén? Yīnwèi shén me shìqíng?

한 사람을 원망한 적이 있어요? 무슨 일때문이에요?

90. 如果有足够的资金可以创业，你最想做什么？

Rúguǒ yǒu zúgòu de zījīn kěyǐ chuàngyè, nǐ zuì xiǎng zuò shénme?

만약 창업할 자금이 충분하다면 가장 하고 싶은 일은 무엇인가요?

梦想中国语 会话

91. 你比较追求安稳的生活，还是追求冒险的生活?

Nǐ bǐjiào zhuīqiú ānwěn de shēnghuó, háishì zhuīqiú màoxiǎn de shēnghuó?

당신은 비교적 평온한 생활을 추구해요 아니면 모험적인 생활을 추구해요?

92. 你觉得近期需要休息吗? 原因是什么?

Nǐ juéde jìnqí xūyào xiūxí ma? Yuányīn shì shénme?

최근에 휴식이 필요하다고 생각해요? 왜요?

93. 最近有没有特别期待的事情?

Zuìjìn yǒu méiyǒu tèbié qīdài de shìqíng?

요즘 특별히 기대하던 일이 있어요?

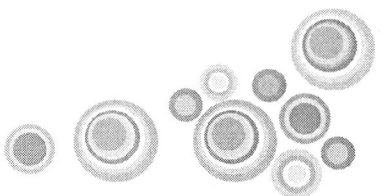

94. 现在这一瞬间，你最想念的人是谁?

Xiànzài zhè yí shùnjiān, nǐ zuì xiǎngniàn de rén shì shéi?

지금 이 순간에 당신이 가장 그리워하는 사람은 누구예요?

95. 说一件今天让你感觉心情不好的事情。

Shuō yí jiàn jīntiān ràng nǐ gǎnjué xīnqíng bù hǎo de shìqíng.

오늘 기분이 좋지 않은 일을 말해 주세요.

96. 有没有让心情快速变好的方法?

Yǒu méiyǒu ràng xīnqíng kuàisù biàn hǎo de fāngfǎ?

마음을 빨리 좋게 만드는 방법이 있어요?

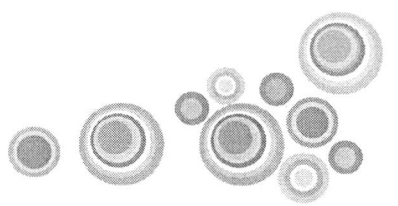

97. 什么东西或者事情让你觉得你做了真正的自己?

Shénme dōngxī huòzhě shìqíng ràng nǐ juéde nǐ zuòle zhēnzhèng de zìjǐ?

어떤 물건이나 일로 하여 진정한 자기를 만들었다고 느끼게 해요?

98. 你最想删除的一段记忆是什么?

Nǐ zuì xiǎng shānchú de yí duàn jìyì shì shénme?

삭제하고 싶은 기억은 무엇인가요?

99. 你经常骂人吗?

Nǐ jīngcháng màrén ma?

당신은 자주 욕해요?

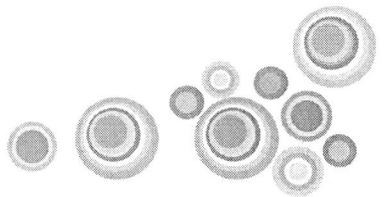

100. 你上次骂人是什么时候？因为什么？

Nǐ shàng cì màrén shì shénme shíhòu? Yīnwèi shén me?

당신이 지난번에 욕을 한게 언제예요? 무엇 때문예요?

대화 주제 101-200

101. 你曾经因为什么事情真心祈祷过？

Nǐ céngjīng yīn Wèishénme shìqíng zhēnxīn qídǎoguò?

당신은 어떤 일로 진심으로 기도해 봤어요?

102. 最近你一睁眼，打开手机，会最先打开什么页面？

Zuìjìn nǐ yī zhēng yǎn, dǎkāi shǒujī, huì zuì xiān dǎkāi shénme yèmiàn?

요즘 눈을 뜨면 핸드폰을 켜고 가장 먼저 오픈하는 사이트가 무엇인가요?

103. 你经常失眠吗？你失眠的原因是什么？

Nǐ jīngcháng shīmián ma? Nǐ shīmián de yuányīn shì shénme?

불면증이 있어요? 당신이 잠을 이루지 못하는 원인이 무엇인가요?

104. 你曾经因为什么事情一晚上没睡觉？

Nǐ céngjīng yīnwèi shén me shìqíng yī wǎnshàng méi shuìjiào?

전에 어떤 일로 밤샜어요?

105. 最近你最关注的新闻热点是什么？

Zuìjìn nǐ zuì guānzhù de xīnwén rèdiǎn shì shénme?

최근에 가장 관심 있는 뉴스 화제는 무엇인가요?

106. 今天有没有悲伤的事情？如果用1-10来表示，今天的悲伤程度是几分？

Jīntiān yǒu méiyǒu bēishāng de shìqíng? Rúguǒ yòng 1-10 lái biǎoshì, jīntiān de bēishāng chéngdù shì jǐ fēn?

오늘 슬픈 일이 있어요? 오늘 슬픔을 1에서 10으로 표시하면 몇 점이에요?

107. 最近流行一个单词叫"小确幸"，近期你的"小确幸"是什么？

Zuìjìn liúxíng yígè dāncí jiào "xiǎo què xìng", jìnqí nǐ de "xiǎo què xìng" shì shénme?

요즘 "소확행"라는 단어가 유행하는데 요즘 당신의 "소확행"는 무엇인가요?

108. 你最近新学会的一个新单词是什么？

Nǐ zuìjìn xīn xuéhuì de yígè xīn dāncí shì shénme?

당신이 최근에 새로 배운 단어는 무엇인가요?

109. 如果能和别人互换身体一天，你最想和谁交换？为什么？

Rúguǒ néng hé biérén hù huàn shēntǐ yītiān, nǐ zuì xiǎng hé shéi jiāohuàn? Wèi shén me?

만약 다른 사람과 하루동안 몸을 교환할 수 있다면 누구하고 바꾸고 싶어요? 왜요?

110. 你有口头禅吗？是什么？

Nǐ yǒu kǒutóuchán ma? Shì shénme?

당신은 말버릇이 있어요? 그게 뭐예요?

111. 用一句歌词描述一下你今天的心情。

Yòng yījù gēcí miáoshù yíxià nǐ jīntiān de xīnqíng.

가사 한 마디로 오늘 당신의 심정을 묘사해 보세요.

112. 你一天喝几杯咖啡？

   Nǐ yītiān hē jǐ bēi kāfēi?

   하루에 커피를 몇 잔 마셔요?

113. 谈一下你最喜欢去的咖啡厅，以及原因。

   Tán yíxià nǐ zuì xǐhuān qù de kāfēi tīng, yǐjí yuányīn.

   당신이 가장 좋아하는 카페를 소개해 보세요. 이유는 뭐예요?

114. 谈一下你们国家的咖啡文化。

   Tán yíxià nǐmen guójiā de kāfēi wénhuà.

   당신의 나라의 커피 문화에 대하여 이야기해 보세요.

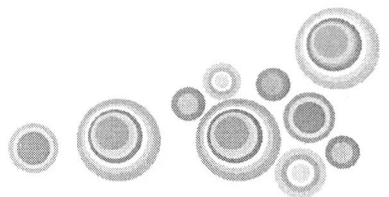

115. 最近你花的最大的一笔开支是什么?

Zuìjìn nǐ huā de zuìdà de yì bǐ kāizhī shì shénme?

요즘 당신이 쓴 가장 큰 지출은 무엇인가요?

116. 你每个月最大的开支是什么?

Nǐ měi gè yuè zuìdà de kāizhī shì shénme?

달마다 가장 많은 돈을 지출하는 것이 무엇인가요?

117. 你每个月收到工资后,扣除消费,大概能剩下多少?

Nǐ měi gè yuè shōu dào gōngzī hòu, kòuchú xiāofèi, dàgài néng shèng xià duōshǎo?

매달 월급을 받은 후 소비를 공제하면 얼만큼 남을 수 있어요?

118. 你每个月拿工资的多少进行投资理财或者储蓄?

Nǐ měi gè yuè ná gōngzī de duōshǎo jìnxíng tóuzī lǐcái huòzhě chǔxù?

매달 월급의 얼마를 재테크나 저축에 투자해요?

119. 你订立了退休计划了吗?

Nǐ dìnglìle tuìxiū jìhuàle ma?

퇴직 계획을 세우셨어요?

120. 今年以来,你特别期待得到,但是没有得到的东西是什么?

Jīnnián yǐlái, nǐ tèbié qīdài dédào, dànshì méiyǒu dédào de dōngxī shì shénme?

올해 들어 당신이 얻기를 간절히 바랐는데 얻지 못한 것은 무엇인가요?

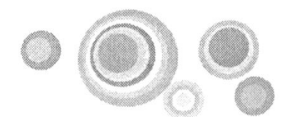

121. 说一个你无论如何都无法扔掉的爱物。

Shuō yígè nǐ wúlùn rúhé dōu wúfǎ rēng diào de ài wù.

절대 버리지 못할 당신의 물건 하나를 말해 보세요.

122. 上一次痛哭是什么时候？因为什么事情？

Shàng yícì tòngkū shì shénme shíhòu? Yīnwèishénme shìqíng?

마지막으로 통곡한게 언제예요? 무슨 일때문이에요?

123. 上一次最长的通话是什么时候？和谁？打了多长时间？

Shàng yícì zuì zhǎng de tōnghuà shì shénme shíhòu? Hé shéi? Dǎle duō cháng shíjiān?

마지막으로 가장 긴 통화는 언제예요? 누구하고요? 얼마 동안 했어요?

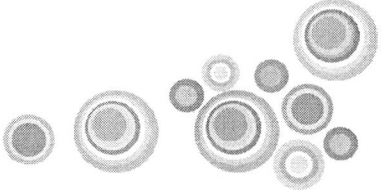

124. "没有在深夜痛哭的人，不足以谈人生"，你怎么看这句话?

"méiyǒu zài shēnyè tòngkū de rén, bùzú yǐ tán rénshēng", nǐ zěnme kàn zhè jù huà?

"깊은 밤에 통곡한 적이 없는 사람이 인생을 말한 자격이 없다."이 말을 어떻게 생각해요?

125. 请说一下你的优点和缺点。

Qǐng shuō yíxià nǐ de yōudiǎn hé quēdiǎn.

당신의 장점과 단점을 말해 주세요.

126. 你最不希望发生的事情是什么?

Nǐ zuì bù xīwàng fāshēng de shìqíng shì shénme?

어떤 일이 발생하기를 가장 바라지 않아요?

127. 你喜欢早睡早起还是晚睡晚起？为什么？

Nǐ xǐhuān zǎo shuì zǎoqǐ háishì wǎn shuì wǎn qǐ? Wèishénme?

일찍 자고 일찍 일어나는 것 아니면 늦게 자고 늦게 일어나는 것을 좋아하세요? 왜요?

128. 你喜欢买名牌吗？为什么？

Nǐ xǐhuān mǎi míngpái ma? Wèishénme?

당신은 명품 사는 것을 좋아하세요? 왜요?

129. 你喜欢做什么样的工作？为什么？

Nǐ xǐhuān zuò shénme yàng de gōngzuò? Wèishénme?

어떤 일을 좋아하세요? 왜요?

130. 现阶段而言，你的竞争对手是谁？

Xiàn jiēduàn ér yán, nǐ de jìngzhēng duìshǒu shì shéi?

지금 당신의 경쟁 상대는 누구예요?

131. 小时候你最喜欢玩儿的游戏是什么？

Xiǎoshíhòu nǐ zuì xǐhuān wán er de yóuxì shì shénme?

어렸을 때 가장 즐겨 했던 놀이는 무엇인가요?

132. 你最喜欢什么动物？为什么？

Nǐ zuì xǐhuān shénme dòngwù? Wèishénme?

당신은 어떤 동물을 가장 좋아하세요? 왜요?

梦想中国语　会话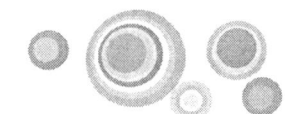

133. 你最喜欢什么植物或者花？为什么？

Nǐ zuì xǐhuān shénme zhíwù huòzhě huā? Wèishénme?

당신은 어떤 식물 또는 꽃을 가장 좋아하세요? 왜요?

134. 请介绍一件值得你骄傲的事情。

Qǐng jièshào yí jiàn zhídé nǐ jiāo ào de shìqíng.

당신이 자랑할 만한 일을 한 가지 소개해 주세요.

135. 你在购物的时候，最看重这件物品的什么？

Nǐ zài gòuwù de shíhòu, zuì kànzhòng zhè jiàn wùpǐn de shénme?

쇼핑할 때 이 물건의 어떤 점을 가장 중요시하세요?

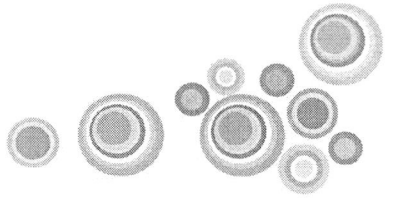

136. 你经常在哪家网站买东西？为什么？

Nǐ jīngcháng zài nǎ jiā wǎngzhàn mǎi dōngxī? Wèishén me?

어느 사이트에서 물건을 자주 사요? 왜요?

137. 你的衣服一般在哪儿买？

Nǐ de yīfú yìbān zài nǎ'er mǎi?

옷은 보통 어디에서 사요?

138. 你经常网购吗？你一般在网上买什么东西？

Nǐ jīngcháng wǎnggòu ma? Nǐ yìbān zài wǎngshàng mǎi shénme dōngxī?

인터넷으로 자주 쇼핑해요? 보통 인터넷에서 어떤 물건을 사세요?

139. 你喜欢线上购物还是线下购物？为什么？

Nǐ xǐhuān xiàn shàng gòuwù háishì xiàn xià gòuwù? Wèishénme?

당신은 온라인 쇼핑 아니면 오프라인 쇼핑을 좋아하세요? 왜요?

140. 买东西时，你喜欢现金支付还是刷卡支付，还是扫码支付？为什么？

Mǎi dōngxī shí, nǐ xǐhuān xiànjīn zhīfù háishì shuākǎ zhīfù, háishì sǎo mǎ zhīfù? Wèi shén me?

물건을 살 때 현금, 카드 아니면 QR코드로 지불할 것을 좋아하세요? 왜요?

141. 如果网购的东西不满意，你会给卖家差评吗？上次差评是什么时候？

Rúguǒ wǎnggòu de dōngxī bù mǎnyì, nǐ huì gěi màijiā chà píng ma? Shàng cì chà píng shì shénme shíhòu?

만약 인터넷으로 구입한 물건이 만족스럽지 않다면 판매자에게 혹평을 주겠어요? 지난번의 혹평은 언제예요?

梦想中国语 会话

142. 你最近一次使用现金购物是什么时候？

Nǐ zuìjìn yícì shǐyòng xiànjīn gòuwù shì shénme shíhòu?

가장 최근 현금으로 물건을 산 게 언제예요?

143. 你最近一次刷卡是什么时候？

Nǐ zuìjìn yícì shuākǎ shì shénme shíhòu?

마지막으로 카드를 사용한 때는 언제예요?

144. 你最近一次分期付款是什么时候？买了什么？

Nǐ zuìjìn yícì fēnqí fùkuǎn shì shénme shíhòu? Mǎile shénme?

최근에 할부로 결제한 게 언제예요? 무엇을 샀어요?

145. 你最近有没有冲动购买的经历？请谈一下。

Nǐ zuìjìn yǒu méiyǒu chōngdòng gòumǎi de jīnglì? Qǐng tán yíxià.

최근에 충동적으로 구매한 경험이 있어요? 말해 보세요.

146. 你现在在什么地方？仔细描述一下你呆的地方。

Nǐ xiànzài zài shénme dìfāng? Zǐxì miáoshù yíxià nǐ dāi de dìfāng.

지금 어디에 있어요? 당신이 있는 곳을 자세히 묘사해 보세요.

147. 你想拥有什么样的办公室？请介绍一下你的梦想中的办公室。

Nǐ xiǎng yǒngyǒu shén me yàng de bàngōngshì? Qǐng jièshào yíxià nǐ de mèngxiǎng zhōng de bàngōngshì.

어떤 사무실을 원해요? 꿈꾸던 사무실을 소개해 보세요.

148. 你现在住的房子是什么样子的?

Nǐ xiànzài zhù de fángzi shì shénme yàngzi de?

지금 살고 있는 집은 어떤 모습이에요?

149. 你想住在什么样的房子里? 请介绍一下你的梦想中的房子。

Nǐ xiǎng zhù zài shénme yàng de fángzi lǐ? Qǐng jièshào yíxià nǐ de mèngxiǎng zhōng de fángzi.

어떤 집에서 살고 싶어요? 꿈 꾸던 집을 소개해 보세요.

150. 你选择租房住还是买房住, 为什么?

Nǐ xuǎnzé zūfáng zhù háishì mǎifáng zhù, wèishénme?

전세/월세를 선택해요 아니면 집을 사서 살아요? 왜요?

151. 有人选择贷款买房，有人选择存款买房，你会选择哪种方式？

Yǒurén xuǎnzé dàikuǎn mǎifáng, yǒurén xuǎnzé cúnkuǎn mǎifáng, nǐ huì xuǎnzé nǎ zhǒng fāngshì?

어떤 사람은 대출금으로 어떤 사람은 저축금으로 집을 사요. 당신은 어떤 방식을 선호해요?

152. 山景房，湖景房，海景房，如果可以选择，你选哪一个？

Shān jǐng fáng, hú jǐng fáng, hǎijǐng fáng, rúguǒ kěyǐ xuǎnzé, nǐ xuǎn nǎ yígè?

산뷰, 호수뷰, 바다뷰의 집 중에서 선택 가능하면 당신은 어느 것을 고르겠어요?

153. 独栋别墅和高层公寓，你喜欢住哪种？

Dú dòng biéshù hé gāocéng gōngyù, nǐ xǐhuān zhù nǎ zhǒng?

전원 주택과 고층 아파트, 당신은 어떤 것을 좋아하세요?

154. 你比较喜欢在城市还是在农村生活?

Nǐ bǐjiào xǐhuān zài chéngshì háishì zài nóngcūn shēnghuó?

도시에서 생활하는 것을 좋아하세요? 아니면 농촌에서 생활하는 것을 좋아하세요?

155. 如果你们公司允许永久在家办公,你会搬到空气和水更干净的郊区吗?

Rúguǒ nǐmen gōngsī yǔnxǔ yǒngjiǔ zàijiā bàngōng, nǐ huì bān dào kōngqì hé shuǐ gèng gānjìng de jiāoqū ma?

회사에서 영원히 재택 근무가 허용되면 당신은 공기와 물이 깨끗한 교외로 이사하겠어요?

156. 宾馆和露营,你喜欢哪一种?

Bīnguǎn hé lùyíng, nǐ xǐhuān nǎ yì zhǒng?

호텔과 캠핑, 어떤 것을 좋아하세요?

157. 你有什么样子的梦想还没有实现？

Nǐ yǒu shén me yàngzi de mèngxiǎng hái méiyǒu shíxiàn?

당신한테 어떤 이루지 못한 꿈이 있어요?

158. 近五年来，你实现过什么梦想？

Jìn wǔ niánlái, nǐ shíxiànguò shèn me mèngxiǎng?

최근 5년간 당신은 어떤 꿈을 이뤘어요?

159. 现阶段阻止你实现梦想的最大障碍是什么？

Xiàn jiēduàn zǔzhǐ nǐ shíxiàn mèngxiǎng de zuìdà zhàng'ài shì shénme?

지금 당신의 꿈을 가로막는 가장 큰 장애는 무엇인가요?

160. 如果你有很多钱，比如 1 亿人民币，你会做什么？

Rúguǒ nǐ yǒu hěnduō qián, bǐrú 1 yì rénmínbì, nǐ huì zuò shénme?

만약 1억위안 정도의 돈이 있다면 어떤 일을 할 거에요?

161. 钱是不是万恶之源？谈一下你的看法。

Qián shì bùshì wàn'è zhī yuán? Tán yíxià nǐ de kànfǎ.

돈이 만악의 근원이에요? 당신의 생각을 한번 말해 보세요.

162. 你认为钱最重要的功能是什么？

Nǐ rènwéi qián zuì zhòngyào de gōngnéng shì shénme?

돈의 가장 중요한 기능은 무엇이라고 생각해요?

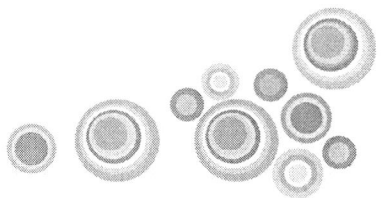

163. 有人说"有钱能使鬼推磨",你怎么看待这句话?

Yǒurén shuō "yǒu qián néng shǐ guǐ tuī mó", nǐ zěnme kàndài zhè jù huà?

.'돈만 있으면 귀신도 부릴 수 있다'는 말을 어떻게 생각해요?

164. 你买过彩票吗? 你中过彩票吗?

Nǐ mǎiguò cǎipiào ma? Nǐ zhōngguò cǎipiào ma?

당신은 복권을 사 봤어요? 당신은 복권에 당첨된 적이 있어요?

165. 如果你中了彩票,会去做什么呢?

Rúguǒ nǐ zhōngle cǎipiào, huì qù zuò shénme ne?

복권에 당첨되면 무엇을 하겠어요?

166. 如果你中了彩票，还会继续上班吗？

Rúguǒ nǐ zhōngle cǎipiào, hái huì jìxù shàngbān ma?

당신이 복권에 당첨되더라도 출근을 계속 해요?

167. 如果金钱不再是目标，你最大的追求会是什么？

Rúguǒ jīnqián bù zài shì mùbiāo, nǐ zuìdà de zhuīqiú huì shì shénme?

돈이 더 이상 목적이 아니라면 당신의 가장 큰 추구는 무엇인가요?

168. 你觉得有多少钱就算是财务自由了？

Nǐ juéde yǒu duōshǎo qián jiùsuànshì cáiwù zìyóule?

돈이 얼마 있다고 해서 재무 자유라고 할 수 있어요?

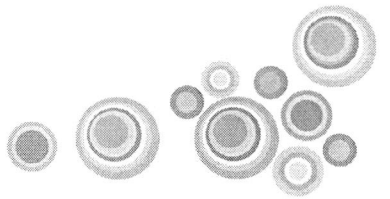

169. 在你们国家，有多少钱算是中产家庭?

Zài nǐmen guójiā, yǒu duōshǎo qián suàn shì zhōngchǎn jiātíng?

당신의 나라에서는 돈이 얼마 있으면 중산층 가정이라고 말할 수 있어요?

170. 你赚的钱够花吗?

Nǐ zhuàn de qián gòu huā ma?

당신이 버는 돈은 쓰기에 충분해요?

171. 你每月给父母或者孩子零用钱吗?

Nǐ měi yuè gěi fùmǔ huòzhě hái zi líng yòng qián ma?

부모나 아이에게 달마다 용돈을 줘요?

172. 如果你有一个月的假期，你会做什么？

　　Rúguǒ nǐ yǒu yígè yuè de jiàqī, nǐ huì zuò shénme?

　　만약 당신에게 한달의 휴가 기간이 주어진다면 당신은 무엇을 하겠어요?

173. 如果用一个中文单词来描述现在的一瞬间，你会用哪个单词？

　　Rúguǒ yòng yígè zhōngwén dāncí lái miáoshù xiànzài de yí shùnjiān, nǐ huì yòng nǎge dāncí?

　　만약 한 중국어 단어로 현재의 순간을 묘사한다면 어떤 단어로 사용하시겠어요?

174. 你最深刻的童年记忆是什么？

　　Nǐ zuì shēnkè de tóngnián jìyì shì shénme?

　　어린 시절의 가장 기억에 남는 것은 무엇인가요?

175. 你为什么要学中文?

Nǐ wèishénme yào xué zhōngwén?

당신은 왜 중국어를 배우려고 해요?

176. 明年春节你有什么安排?

Míngnián chūnjié nǐ yǒu shén me ānpái?

내년 설날에 당신은 어떤 계획이 있어요?

177. 你最喜欢哪个季节?

Nǐ zuì xǐhuān nǎge jìjié?

당신은 어느 계절을 가장 좋아하세요?

梦想中国语 会话

178. 你最喜欢什么天气?

Nǐ zuì xǐhuān shénme tiānqì?

당신은 어떤 날씨를 제일 좋아하세요?

179. 下雪的时候，你喜欢做什么？

Xià xuě de shíhòu, nǐ xǐhuān zuò shénme?

눈이 올 때, 당신은 무엇을 즐겨 해요?

180. 下雨的时候，你喜欢做什么？

Xià yǔ de shíhòu, nǐ xǐhuān zuò shénme?

비가 올 때 당신은 무엇을 즐겨 해요?

181. 第一场雪（初雪）对你来说有特殊的意义吗?

Dì yī chǎng xuě (chūxuě) duì nǐ lái shuō yǒu tèshū de yìyì ma?

첫 번째 눈 (첫눈)은 당신에게 특수한 의미가 있어요?

182. 你们公司一般一年放几天假? 你一般怎么安排?

Nǐmen gōngsī yìbān yī nián fàng jǐ tiān jiǎ? Nǐ yìbān zěnme ānpái?

회사에서는 보통 1년에 며칠 쉬세요? 일반적으로 어떻게 계획해요?

183. 每天睡觉前，你会做些什么?

Měitiān shuìjiào qián, nǐ huì zuò xiē shénme?

매일 자기 전에 무엇을 해요?

184. 做什么事情会让你休息日的早上感到特别幸福?

Zuò shénme shìqíng huì ràng nǐ xiūxí rì de zǎoshang gǎndào tèbié xìngfú?

어떤 일을 하면 휴일날 아침을 가장 행복하게 느낄 수 있어요?

185. 休息日你愿意呆在家里，还是去外面玩儿?

Xiūxí rì nǐ yuànyì dāi zài jiālǐ, háishì qù wàimiàn wán er?

휴일에 집에 있어요? 아니면 밖에 나가요?

186. 你一年大概有多长时间的假期? 假期一般做什么?

Nǐ yì nián dàgài yǒu duō cháng shíjiān de jiàqī? Jià qí yìbān zuò shénme?

휴가는 1년에 얼마나 돼요? 휴일에는 보통 무엇을 해요?

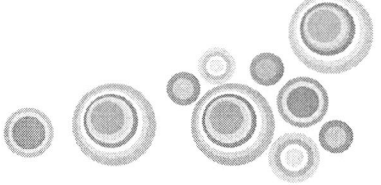

梦想中国语 会话

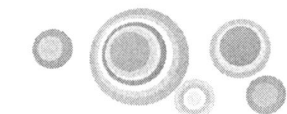

187. 如果可以无偿获得一种超能力，你最想获得什么能力？

Rúguǒ kěyǐ wúcháng huòdé yì zhǒng chāo nénglì, nǐ zuì xiǎng huòdé shénme nénglì?

만약 초능력을 무상으로 얻을 수 있다면 어떤 능력을 가장 얻고 싶어요?

188. 瞬间移动和隐身，如果可以选择，你选择拥有哪一种超能力？

Shùnjiān yídòng hé yǐnshēn, rúguǒ kěyǐ xuǎnzé, nǐ xuǎnzé yǒngyǒu nǎ yì zhǒng chāo nénglì?

순간이동과 은신, 선택 가능하다면 어떤 초능력을 가질 거에요?

189. 如果你可以采访一位有名人士，你会采访谁？为什么？

Rúguǒ nǐ kěyǐ cǎifǎng yí wèi yǒumíng rénshì, nǐ huì cǎifǎng shéi? Wèishénme?

당신이 어느 유명 인사를 인터뷰할 수 있다면 누구를 인터뷰하겠어요? 왜요?

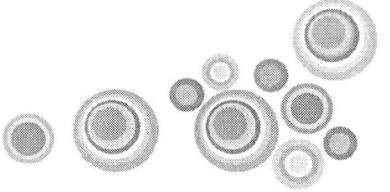

190. 请介绍一个对你影响最大的人。

Qǐng jièshào yígè duì nǐ yǐngxiǎng zuìdà de rén.

당신에게 가장 큰 영향을 미치는 사람 한명을 소개해 주세요.

191. 如果可以重新开始，你最想改变什么？

Rúguǒ kěyǐ chóngxīn kāishǐ, nǐ zuì xiǎng gǎibiàn shénme?

다시 시작할 수 있다면 무엇을 바꾸고 싶어요?

192. 你的偶像是谁？或者说你想成为谁那样的人？请介绍一下。

Nǐ de ǒuxiàng shì shéi? Huòzhě shuō nǐ xiǎng chéngwéi shéi nàyàng de rén? Qǐng jièshào yíxià.

당신의 우상이 누구예요? 혹은 어떤 사람이 되고 싶어요? 소개해 주세요.

193. 这些年来，你是怎么学习汉语的？

Zhèxiē niánlái, nǐ shì zěnme xuéxí hànyǔ de?

그 동안 당신은 어떻게 중국어를 배웠어요?

194. 你压力特别大的时候，一般会做什么？

Nǐ yālì tèbié dà de shíhòu, yìbān huì zuò shénme?

스트레스가 심할 때 일반적으로 무엇을 해요?

195. 你有没有情绪失控的时候？请谈一下。

Nǐ yǒu méiyǒu qíngxù shīkòng de shíhòu? Qǐng tán yíxià.

혹시 자신의 감정을 컨트롤 못 한 적이 있어요? 얘기해 보세요.

196. 最近有没有见到过情绪失控的人？请谈一下。

Zuìjìn yǒu méiyǒu jiàn dàoguò qíngxù shīkòng de rén? Qǐng tán yíxià.

자신의 감정을 컨트롤 못 한 사람을 요즘 본 적이 있어요? 얘기해 보세요.

197. 你最想去中国的哪里？为什么？

Nǐ zuì xiǎng qù zhōngguó de nǎlǐ? Wèishénme?

중국의 어디를 가장 가고 싶어요? 왜요?

198. 你喜欢小孩子吗？为什么？

Nǐ xǐhuān xiǎo háizi ma? Wèishénme?

당신은 어린 아이를 좋아하세요? 왜요?

199. 你一般怎么过生日？请简单说一下。

Nǐ yìbān zěnmeguò shēngrì? Qǐng jiǎndān shuō yíxià.

당신은 일반적으로 생일을 어떻게 보내요? 얘기해 보세요.

200. 你收到过的最让你开心的礼物是什么？

Nǐ shōu dàoguò de zuì ràng nǐ kāixīn de lǐwù shì shénme?

당신은 받은 가장 기분 좋은 선물이 무엇인가요?

대화 주제 201-300

201. 你收到过的最让你不开心的礼物是什么?

Nǐ shōu dàoguò de zuì ràng nǐ bù kāixīn de lǐwù shì shénme?

당신이 받은 가장 기분이 불쾌한 선물은 무엇인가요?

202. 你最期待收到什么礼物?

Nǐ zuì qī dài shōu dào shénme lǐwù?

어떤 선물을 받기를 제일 기대해요?

203. 你送给别人的礼物里，哪个最贵重？

Nǐ sòng gěi biérén de lǐwù lǐ, nǎge zuì guìzhòng?

당신이 다른 사람에게 준 선물 중 어느 것이 제일 귀중해요?

204. 韩国人送礼物有什么讲究吗？

Hánguó rén sòng lǐwù yǒu shén me jiǎngjiù ma?

한국인들은 선물을 보낼 때 어떤 것을 주의해야 해요?

205. 中国人送礼物时有没有什么讲究？

Zhōngguó rén sòng lǐwù shí yǒu méiyǒu shén me jiǎngjiù?

중국 사람들이 선물을 줄 때 주의해야 하는 점이 있어요?

206. 今年你的消费清单里，哪一项最贵？

Jīnnián nǐ de xiāofèi qīngdān lǐ, nǎ yíxiàng zuì guì?

올해 당신의 소비 목록 중 어느 것이 제일 비싸요?

207. 你起床后一般做什么？

Nǐ qǐchuáng hòu yìbān zuò shénme?

일어나면 보통 무엇을 해요?

208. 今年你去过课外学院吗？去学习了什么？

Jīnnián nǐ qùguò kèwài xuéyuàn ma? Qù xuéxíle shénme?

올해 당신은 학원에 갔었어요? 뭘 공부하셨어요?

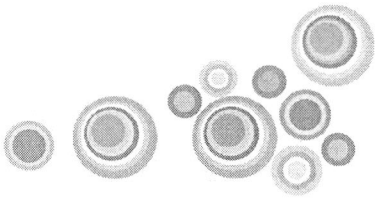

209. 你今天早上吃了什么？

Nǐ jīntiān zǎoshang chīle shénme?

당신은 오늘 아침에 뭐 먹었어요?

210. 请介绍一个你最喜欢吃的韩国菜。

Qǐng jièshào yígè nǐ zuì xǐhuān chī de hánguó cài.

당신이 가장 즐겨 먹는 한국 요리를 하나 소개해 보세요.

211. 请介绍一个你最喜欢吃的中国菜。

Qǐng jièshào yígè nǐ zuì xǐhuān chī de zhōngguó cài.

당신이 가장 즐겨 먹는 중국 요리를 하나 소개해 주세요.

212. 你的拿手菜是什么？请介绍一下这个菜的做法。

Nǐ de náshǒu cài shì shénme? Qǐng jièshào yíxià zhège cài de zuòfǎ.

당신이 가장 잘 하는 요리는 무엇인가요? 이 요리의 레시피를 소개해 주세요.

213. 想一下你们家的冰箱现在装着什么？

Xiǎng yíxià nǐmen jiā de bīngxiāng xiànzài zhuāngzhe shénme?

당신 집에 있는 냉장고에 지금 무엇이 들어있는지 생각해 보세요.

214. 你经常在家吃饭还是出去吃饭?

Nǐ jīngcháng zàijiā chīfàn háishì chūqù chīfàn?

집에서 밥을 자주 먹어요 아니면 밖에서 밥을 먹어요?

215. 你上次在家做饭是什么时候？做了什么？和谁一起吃的？

Nǐ shàng cì zàijiā zuò fàn shì shénme shíhòu? Zuòle shénme? Hé shéi yì qǐ chī de?

마지막으로 집에서 요리할 때 언제예요? 뭐 했어요? 누구하고 같이 먹었어요?

216. 除了父母，有没有谁为你做过好吃的饭菜？

Chúle fùmǔ, yǒu méiyǒu shéi wèi nǐ zuòguò hǎo chī de fàncài?

부모님 외에 누가 당신을 위해 맛있는 음식을 만들어 줬어요?

217. 你最近一次去的餐厅叫什么名字？和谁去的？吃的什么？

Nǐ zuìjìn yícì qù de cāntīng jiào shénme míngzì? Hé shéi qù de? Chī de shénme?

당신이 최근에 간 식당 이름이 뭐예요? 누구하고 갔어요? 뭘 먹었어요?

218. 你经常点外卖吗？谈一下你们国家的外卖文化。

Nǐ jīngcháng diǎn wàimài ma? Tán yī xià nǐmen guójiā de wàimài wénhuà.

자주 배달을 시키세요? 당신 나라의 배달 문화에 대해서 말해 보세요.

219. 你上次点外卖是什么时候？吃了什么？

Nǐ shàng cì diǎn wàimài shì shénme shíhòu? Chīle shénme?

당신이 마지막으로 배달을 시킨 게 언제예요? 뭐 먹었어요?

220. 你最经常点的外卖是什么？

Nǐ zuì jīngcháng diǎn de wàimài shì shénme?

당신이 가장 자주 시키는 배달은 무엇인가요?

221. 上次你请别人吃饭是什么时候?

Shàng cì nǐ qǐng biérén chīfàn shì shénme shíhòu?

지난 번에 남들한테 밥 사준게 언제예요?

222. 你一般什么情况下会请别人吃饭?

Nǐ yìbān shénme qíngkuàng xià huì qǐng biérén chīfàn?

당신은 보통 어떤 경우에 다른 사람에게 밥을 사 줘요?

223. 上次别人请你吃饭是什么时候?

Shàng cì biérén qǐng nǐ chīfàn shì shénme shíhòu?

지난 번에 다른 사람이 밥을 사 준게 언제예요?

224. 没有力气,或者心情不好的时候,你一般吃什么?

Méiyǒu lìqì, huòzhě xīnqíng bù hǎo de shíhòu, nǐ yìbān chī shénme?

힘이 없거나 기분이 좋지 않을 때 주로 무엇을 먹어요?

225. 吃什么能让你感到很幸福?

Chī shénme néng ràng nǐ gǎndào hěn xìngfú?

무엇을 먹으면 행복해질 수 있어요?

226. 有没有什么东西是你想吃但是一直没机会去吃的?

Yǒu méiyǒu shén me dōngxī shì nǐ xiǎng chī dànshì yīzhí méi jīhuì qù chī de?

먹고 싶은데 못 먹는 음식이 있어요?

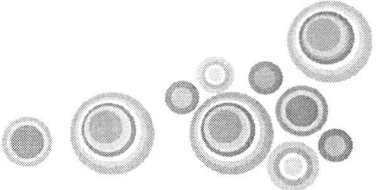

227. 有没有什么东西是你哪怕每天吃也吃不腻的？

Yǒu méiyǒu shén me dōngxī shì nǐ nǎpà měitiān chī yě chī bù nì de?

매일 먹어도 질리지 않는 음식이 있어요?

228. 吃饭的时候你（或者家人）会喝酒吗？

Chīfàn de shíhòu nǐ (huòzhě jiārén) huì hējiǔ ma?

식사 시간에 당신 (또는 가족들)은 술을 마셔요?

229. 你（或者家人）喝醉过吗？

Nǐ (huòzhě jiārén) hē zuìguò ma?

당신(또는 가족들)이 술에 취한 적 있어요?

230. 你最喜欢你妈妈做的什么菜?

　　Nǐ zuì xǐhuān nǐ māmā zuò de shénme cài?

　　당신은 당신의 엄마가 만든 어떤 음식을 가장 좋아하세요?

231. 你最近吃的最好吃的一顿饭是什么时候?

　　Nǐ zuìjìn chī de zuì hào chī de yī dùn fàn shì shénme shíhòu?

　　당신이 요즘 먹던 가장 맛있는 밥은 언제예요?

232. 你喜欢吃自助餐吗?

　　Nǐ xǐhuān chī zìzhùcān ma?

　　당신은 뷔페식을 좋아하세요?

233. 去吃自助餐的时候，你一般最先吃什么？

Qù chī zìzhùcān de shíhòu, nǐ yìbān zuì xiān chī shénme?

뷔페를 먹을 때 가장 먼저 먹는 것이 뭐예요?

234. 韩国有没有"小费"文化？为什么？

Hánguó yǒu méiyǒu "xiǎofèi" wénhuà? Wèishénme?

한국에는 '팁' 문화가 있어요? 왜요?

235. 请介绍一个你最近喜欢看的电视节目。

Qǐng jièshào yígè nǐ zuìjìn xǐhuān kàn de diànshì jiémù.

당신이 최근에 즐겨 보는 TV 프로그램을 소개해 주세요.

236. 请介绍一件让你觉得快乐的事情。

Qǐng jièshào yī jiàn ràng nǐ juéde kuàilè de shìqíng.

당신이 즐겁게 할 수 있는 일을 한 가지 소개해 주세요.

237. 你不高兴的时候，会做什么？

Nǐ bù gāoxìng de shíhòu, huì zuò shénme?

기분이 안 좋을 땐 뭘 해요?

238. 猫和狗，你喜欢哪个？为什么？

Māo hé gǒu, nǐ xǐhuān nǎge? Wèishénme?

개와 고양이 중에 어느 것을 좋아하세요? 왜요?

239. 过去 5 年，最让你难忘的事情是什么？

Guòqù 5 nián, zuì ràng nǐ nánwàng de shìqíng shì shénme?

지난 5년간 가장 잊을 수 없는 일은 무엇인가요?

240. 公交车和地铁，你更喜欢哪一种，为什么？

Gōngjiāo chē hé dìtiě, nǐ gèng xǐhuān nǎ yì zhǒng, Wèishénme?

버스와 지하철 중에서 어떤 것을 더 좋아하세요? 왜요?

241. 你最想养成什么样的习惯？为什么？

Nǐ zuì xiǎng yǎng chéng shénme yàng de xíguàn? Wèishénme?

어떤 습관을 키우고 싶어요? 왜요?

242. 你有什么缺点?

Nǐ yǒu shén me quēdiǎn?

당신은 무슨 단점이 있어요?

243. 你觉得怎样才能学好汉语?

Nǐ juéde zěnyàng cáinéng xuéhǎo hànyǔ?

당신은 어떻게 해야 중국어를 잘 배울 수 있다고 생각해요?

244. 你喜欢和什么性格的人做朋友? 为什么?

Nǐ xǐhuān hé shénme xìnggé de rén zuò péngyǒu? Wèishénme?

당신은 어떤 성격의 사람과 친구로 사귀기를 좋아하세요? 왜요?

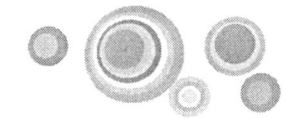

245. 你最近参加的一次聚会是什么时候？什么聚会？

Nǐ zuìjìn cānjiā de yícì jùhuì shì shénme shíhòu? Shénme jùhuì?

당신이 최근에 참석했던 모임은 언제예요? 무슨 모임이에요?

246. 你和朋友玩儿过"真心话大冒险"的游戏吗？

Nǐ hé péngyǒu wán erguò "zhēnxīn huà dà màoxiǎn" de yóuxì ma?

"진실 게임"을 친구와 해 봤어요?

247. 请介绍一下你的手机里面最经常用的三个APP。

Qǐng jièshào yíxià nǐ de shǒujī lǐmiàn zuì jīngcháng yòng de sān gè APP.

휴대 전화에서 가장 자주 사용하는 앱을 세 개 소개해 주세요.

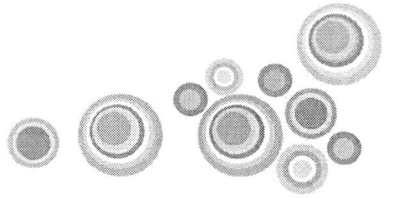

梦想中国语　会话

248. 你每天在哪个APP上花时间最多？为什么？

Nǐ měitiān zài nǎge APP shàng huā shíjiān zuìduō? Wèishénme?

어느 앱에서 가장 많은 시간을 써요? 왜요?

249. 如果你手机里只能留下五个APP，你会留下哪五个？

Rúguǒ nǐ shǒujī lǐ zhǐ néng liú xià wǔ gè APP, nǐ huì liú xià nǎ wǔ gè?

휴대폰에서 앱 5개만 남겨야 한다면 어떤 앱을 남기겠어요?

250. 你最经常使用的网站是哪一个？

Nǐ zuì jīngcháng shǐyòng de wǎngzhàn shì nǎ yígè?

당신이 가장 자주 사용하는 사이트는 어느 것이에요?

251. 你最喜欢用哪个搜索引擎?

Nǐ zuì xǐhuān yòng nǎge sōusuǒ yǐnqíng?

어떤 검색 엔진을 가장 좋아하세요?

252. 你最喜欢用的SNS是哪个?

Nǐ zuì xǐhuān yòng de SNS shì nǎge?

당신이 가장 즐겨 쓰는 SNS는 어느 것이에요?

253. 你上一次发自己的照片到网上是什么时候?

Nǐ shàng yícì fā zìjǐ de zhàopiàn dào wǎngshàng shì shénme shíhòu?

마지막으로 사진을 인터넷에 업로드한 것이 언제예요?

254. 请介绍一次你最难忘的旅游经历。

Qǐng jièshào yícì nǐ zuì nánwàng de lǚyóu jīnglì.

가장 기억에 남는 여행을 한 번 소개해 주세요.

255. 最近你做的最有成就感的一件事情是什么？

Zuìjìn nǐ zuò de zuì yǒu chéngjiù gǎn de yī jiàn shìqíng shì shénme?

최근에 당신이 한 가장 성취감이 가는 일은 무엇인가요?

256. 今年你通过你的工作，帮助别人解决了什么问题？

Jīnnián nǐ tōng guò nǐ de gōng zuò, bāng zhù bié rén jiějuéle shénme wèntí?

올해 당신의 일을 통하여 남을 도와 어떤 문제를 해결하였어요?

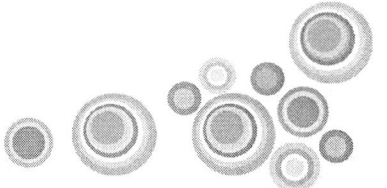

257. 如果你要去坐五年牢，进入监狱的前一天，你会做什么？

Rúguǒ nǐ yào qù zuò wǔ nián láo, jìnrù jiānyù de qián yītiān, nǐ huì zuò shénme?

만약 당신이 5년의 감옥 살이를 하게 된다면 감옥에 들어가기 전날에 무엇을 하겠어요?

258. 请介绍一下你的人生格言。

Qǐng jièshào yíxià nǐ de rénshēng géyán.

인생의 좌우명을 소개해 보세요.

259. 你是一个自强不息的人吗？请谈一下。

Nǐ shì yígè zìqiángbùxī de rén ma? Qǐng tán yíxià.

당신은 자강불식(스스로 노력하여 게을리 하지 않다)하는 사람이에요? 얘기해 보세요.

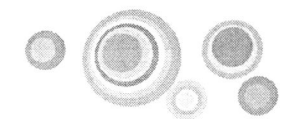

260. 你最喜欢读的中国书是什么？请谈一下喜欢的原因。

Nǐ zuì xǐhuān dú de zhōng guó shū shì shén me? Qǐng tán yíxià xǐhuān de yuányīn.

당신이 가장 즐겨 읽는 중국 책은 무엇인가요? 좋아하는 이유를 말씀해 주세요.

261. 你一周拿出多少时间来读书？

Nǐ yīzhōu ná chū duōshǎo shíjiān lái dúshū?

당신은 일주일에 얼마의 시간을 내여 책을 읽어요?

262. 关于读书，你有没有什么好的建议？

Guānyú dúshū, nǐ yǒu méiyǒu shén me hǎo de jiànyì?

독서에 관해서 당신은 어떤 좋은 제안이 있어요?

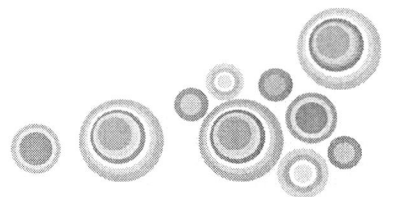

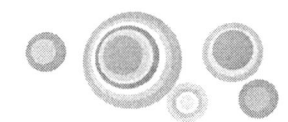

263. 如果要选择一本书送给你最好的中国朋友，你会选择哪一本？

Rúguǒ yào xuǎnzé yì běn shū sòng gěi nǐ zuì hǎo de zhōngguó péngyǒu, nǐ huì xuǎnzé nǎ yì běn?

가장 친한 중국 친구에게 선물할 책을 고르라면 어떤 책을 선택하겠어요?

264. 请谈一下影响你人生的5句话。

Qǐng tán yíxià yǐngxiǎng nǐ rénshēng de 5 jù huà.

당신의 인생에 큰 영향을 미친 5마디의 말을 얘기해 보세요.

265. 什么事情让你觉得自己是独一无二的？

Shénme shìqíng ràng nǐ juéde zìjǐ shì dúyīwú'èr de?

자기가 유일무이한 느낌을 가지도록 하는 일이 무엇인가요?

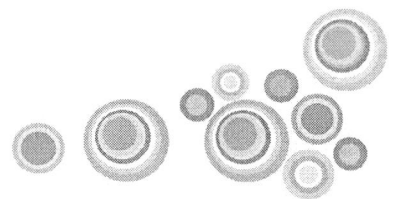

梦想中国语 会话

266. 因为什么，你与众不同？

Yīn Wèi shénme, nǐ yǔ zhòng bùtóng?

무엇 때문에 당신은 남과 달라요?

267. 你无论如何也无法拒绝的东西是什么？

Nǐ wúlùn rúhé yě wúfǎ jùjué de dōngxī shì shénme?

당신은 어떻게 해도 거절할 수 없는 것은 무엇인가요?

268. 你对自己现在的生活满意吗？为什么？

Nǐ duì zìjǐ xiànzài de shēnghuó mǎnyì ma? Wèi shén me?

지금 자신의 생활에 만족해요? 왜요?

269. 你想要一个什么样子的中文老师给你上课?

Nǐ xiǎng yào yígè shénme yàngzi de zhōngwén lǎoshī gěi nǐ shàngkè?

어떤 스타일의 중국어 선생님을 원해요?

270. 你的优点对你的职业生涯有什么影响?

Nǐ de yōudiǎn duì nǐ de zhíyè shēngyá yǒu shén me yǐngxiǎng?

당신의 장점은 캐리어에서 어떤 영향을 줬어요?

271. 你是如何克服你的缺点的?

Nǐ shì rúhé kèfú nǐ de quēdiǎn de?

당신은 어떻게 자기의 결점을 극복해요?

272. 你追星吗？最喜欢的明星是谁？原因是什么？

Nǐ zhuīxīng ma? Zuì xǐhuān de míngxīng shì shéi? Yuányīn shì shénme?

스타를 좋아하세요? 가장 좋아하는 스타가 누구예요? 왜요?

273. 你最喜欢的中国演员是谁？

Nǐ zuì xǐhuān de zhōngguó yǎnyuán shì shéi?

당신이 가장 좋아하는 중국 배우가 누구예요?

274. 你觉得最帅的男人是谁？

Nǐ juéde zuì shuài de nánrén shì shéi?

당신이 가장 멋있다고 생각하는 남자는 누구예요?

275. 你觉得最漂亮的女人是是谁?

Nǐ juéde zuì piàoliang de nǚrén shì shì shéi?

당신이 가장 아름답다고 생각하는 여자는 누구예요?

276. 如果用一句话概括你自己?

Rúguǒ yòng yí jù huà gàikuò nǐ zìjǐ?

자신을 한 마디로 개괄하면?

277. 用一个成语描述一下你自己。

Yòng yígè chéngyǔ miáoshù yíxià nǐ zìjǐ.

사자성어 한 개로 자신을 묘사해 보세요.

梦想中国语　会话

278. 你周围的人如何评价你？

Nǐ zhōuwéi de rén rúhé píngjià nǐ?

주변 사람들이 당신을 어떻게 평가해요?

279. 你最喜欢别人夸奖你什么？

Nǐ zuì xǐhuān biérén kuājiǎng nǐ shénme?

당신은 다른 사람이 무엇을 칭찬하는 것을 제일 좋아하세요?

280. 多年以后，当你离去，你希望你的墓志铭上写什么？

Duōnián yǐhòu, dāng nǐ lí qù, nǐ xīwàng nǐ de mùzhì míng shàng xiě shénme?

몇 년 후 당신이 떠나면 당신의 묘지명에 무엇을 써놓고 싶어요?

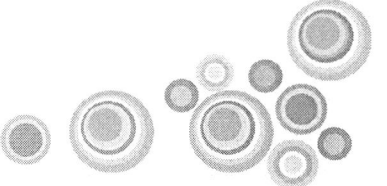

281. 请介绍一个你最好的朋友。

　　Qǐng jièshào yígè nǐ zuì hǎo de péngyǒu.

　　가장 친한 친구를 한 명 소개해 주세요.

282. 你一般通过什么方式认识新朋友?

　　Nǐ yìbān tōngguò shènme fāngshì rènshi xīn péngyǒu?

　　당신은 보통 어떤 방식으로 새 친구를 사귀어요?

283. 请说一件最让你伤心的事情。

　　Qǐng shuō yí jiàn zuì ràng nǐ shāngxīn de shìqíng.

　　당신을 가장 괴롭게 한 일을 말해 보세요.

284. 一般什么事情会让你伤心？什么人会让你伤心？

yìbān shénme shìqíng huì ràng nǐ shāngxīn? Shénme rén huì ràng nǐ shāngxīn?

어떤 일은 당신을 속상하게 해요? 누가 당신을 아프게 해요?

285. 请说一件最近特别让你生气或者上火的事情。

Qǐng shuō yí jiàn zuìjìn tèbié ràng nǐ shēngqì huòzhě shàng huǒ de shìqíng.

최근에 특별히 당신을 화나거나 짜증나게 한 일을 하나 말해 보세요.

286. 你一般会因为什么事情生气？

Nǐ yìbān huì yīnWèishénme shìqíng shēngqì?

당신은 어떤 일로 화를 내요?

287. 最近一次哈哈大笑是什么时候？因为什么事情？

Zuìjìn yícì hāhā dà xiào shì shénme shíhòu? Yīnwèi shén me shìqíng?

최근에 한바탕 깔깔대는 것은 언제예요? 무슨 일 때문이에요?

288. 最近一次和别人愉快地，推心置腹地聊天是什么时候？

Zuìjìn yícì hé biérén yúkuài de, tuīxīnzhìfù de liáotiān shì shénme shíhòu?

마지막으로 다른 사람들과 유쾌하게 진심으로 이야기하는 것이 언제예요?

289. 最长一次没洗头发是什么时候？多长时间没洗？

Zuì zhǎng yícì méi xǐ tóu fā shì shénme shíhòu? Duō cháng shíjiān méi xǐ?

가장 오랫동안 머리를 감지 않은 때가 언제예요? 얼마 동안이나 씻지 않았어요?

290. 你最近做砸了什么事情?

　　Nǐ zuìjìn zuò zále shénme shìqíng?

　　당신은 최근에 어떤 일을 망쳤어요?

291. 你最害怕什么?

　　Nǐ zuì hàipà shénme?

　　무엇을 가장 두려워해요?

292. 你希望什么永远不改变?

　　Nǐ xīwàng shénme yǒngyuǎn bù gǎibiàn?

　　무엇이 영원히 변하지 않기를 바라요?

293. 什么聊天话题会让你觉得特别无聊？

Shénme liáotiān huàtí huì ràng nǐ juéde tèbié wúliáo?

어떤 주제로 채팅을 하면 지루하게 느껴져요?

294. 请谈一下对你影响最大的一本书。

Qǐng tán yíxià duì nǐ yǐngxiǎng zuìdà de yī běn shū.

당신에게 가장 큰 영향을 준 책을 한 권 말해 보세요.

295. 你最喜欢的历史人物是谁？愿意成为他那样的人吗？

Nǐ zuì xǐhuān de lìshǐ rénwù shì shéi? Yuànyì chéngwéi tā nàyàng de rén ma?

당신이 가장 좋아하는 역사 인물은 누구예요? 그런 사람이 되고 싶어요?

296. 假设给你一次穿越的机会，你最希望穿越到什么时候？干什么？

Jiǎshè gěi nǐ yícì chuānyuè de jīhuì, nǐ zuì xīwàng chuānyuè dào shénme shíhòu? Gàn shénme?

당신에게 시간 여행한 기회를 준다면 어느 때로 가고 싶어요? 뭘 하고 싶어요?

297. 讲一个你经历中体现"自强"的故事。

Jiǎng yígè nǐ jīnglì zhōng tǐxiàn "zìqiáng" de gùshì.

당신이 겪은 '자신을 강하게 하는' 이야기를 말해 보세요.

298. 你眼中最成功的人是谁？为什么？

Nǐ yǎnzhōng zuì chénggōng de rén shì shéi? Wèi shén me?

당신이 보기에 가장 성공한 사람은 누구예요? 왜요?

299. 谈一下你的榜样,请列举六个。

Tán yí xià nǐ de bǎngyàng, qǐng lièjǔ liù gè.

당신의 본보기에 대해 말해 보세요. 여섯 명을 열거해 주세요.

300. 谈一件你最后悔的事情。

Tán yí jiàn nǐ zuì hòu huǐ de shì qíng.

가장 후회되는 일에 대해 말해 보세요.

대화 주제 301-400

301. 你有没有特别想研究的领域？

Nǐ yǒu méiyǒu tèbié xiǎng yánjiū de lǐngyù?

특별히 연구하고 싶은 분야가 있어요?

302. 如果让你读博士，你会选择哪个专业？为什么？

Rúguǒ ràng nǐ dú bóshì, nǐ huì xuǎnzé nǎge zhuānyè? Wèishénme?

박사 과정을 다니게 하면 어떤 전공을 선택하겠어요? 왜요?

303. 当你陷入困境时会向谁求助？

Dāng nǐ xiànrù kùnjìng shí huì xiàng shéi qiúzhù?

곤경에 처하였을 때 누구에게 도움을 청해요?

304. 如果你打算写本书，你会写些什么呢？

Rúguǒ nǐ dǎsuàn xiě běn shū, nǐ huì xiě xiē shénme ne?

책을 쓸 계획이라면 어떤 것들을 쓰고 싶어요?

305. 你是如何压住怒火的？它造成过麻烦吗？

Nǐ shì rúhé yā zhù nùhuǒ de? Tā zàochéngguò máfan ma?

당신은 어떻게 분노를 억제해요? 그것이 문제를 일으킨 적이 있요?

梦想中国语 会话

306. 你认为谁在为你生活负责？

Nǐ rènwéi shéi zài wèi nǐ shēnghuó fùzé?

누가 당신의 생활을 책임져요?

307. 如果让你列一下今年的感谢清单，你最想感谢什么？感谢谁？

Rúguǒ ràng nǐ liè yíxià jīnnián de gǎnxiè qīngdān, nǐ zuì xiǎng gǎnxiè shénme? Gǎnxiè shéi?

올해의 감사 리스트를 작성하게 한다면 무엇을 또는 누구에게 가장 감사하고 싶어요?

308. 如果可能，你最想住在哪儿？为什么？

Rúguǒ kěnéng, nǐ zuì xiǎng zhù zài nǎ'er? Wèishénme?

당신은 어디에서 가장 살고 싶어요? 왜요?

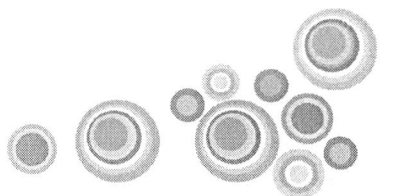

309. 当你对某人有偏见时，你是怎么想的？

Dāng nǐ duì mǒu rén yǒu piānjiàn shí, nǐ shì zěnme xiǎng de?

당신은 어떤 사람에 대해 편견을 가지고 있을 때 어떤 생각을 가지고 있어요?

310. 你觉得是什么让你的人生变得不幸福？

Nǐ juéde shì shénme ràng nǐ de rénshēng biàn de bù xìngfú?

무엇이 당신의 인생을 불행하게 만들었다고 생각해요?

311. 你觉得是谁让你的人生变得不幸福？

Nǐ jué de shì shéi ràng nǐ de rénshēng biàn de bù xìngfú?

누가 당신의 인생을 불행하게 만들었다고 생각해요?

312. 你看不起哪种人？为什么？

   Nǐ kànbùqǐ nǎ zhǒng rén? Wèishénme?

   어떤 사람을 경멸해요? 왜요?

313. 你做过的最无私的是哪件事？

   Nǐ zuòguò de zuì wúsī de shì nǎ jiàn shì?

   지금까지 당신이 해 온 가장 사심 없는 일은 무엇인가요?

314. .现实一点的说，什么事情会让你快乐一整天？

   Xiànshí yì diǎn de shuō, shénme shìqíng huì ràng nǐ kuàilè yì zhěng tiān?

   좀 더 현실적으로 말하자면, 어떤 것이 당신을 하루 종일 즐겁게 할 수 있어요?

315. 你相信世上有鬼吗？谈一下你的看法。

Nǐ xiāngxìn shìshàng yǒu guǐ ma? Tán yíxià nǐ de kànfǎ.

당신은 세상에 귀신이 있다고 믿어요? 당신의 생각을 한번 말해 보세요.

316. 你认为神存在吗？谈一下你的看法。

Nǐ rènwéi shén cúnzài ma? Tán yíxià nǐ de kànfǎ.

신은 존재하다고 생각해요? 당신의 생각을 한번 말해 보세요.

317. 谈谈你在个人债务方面的行为准则。

Tán tán nǐ zài gèrén zhàiwù fāngmiàn de xíngwéi zhǔnzé

당신이 개인 채무에서의 행위 준칙을 말해 보세요.

318. 你这个月的目标是什么？

Nǐ zhègè yuè de mùbiāo shì shénme?

이번 달의 목표는 무엇인가요?

319. 你今后 12 个月中的目标是什么？打算如何实现？

Nǐ jīnhòu 12 gè yuè zhōng de mùbiāo shì shénme? Dǎsuàn rúhé shíxiàn?

앞으로 12개월 동안의 목표는 무엇인가요? 어떻게 이룰 계획이세요?

320. 你是否实现过年初制定的目标？

Nǐ shìfǒu shíxiàngguò niánchū zhìdìng de mùbiāo?

당신은 연초에 정한 목표를 이룬 적이 있어요?

321. 你对自己的受教育程度满意吗?

Nǐ duì zìjǐ de shòu jiàoyù chéngdù mǎnyì ma?

당신은 자신의 교육 수준에 만족해요?

322. 如果你捡到一个钱包，你会怎么做?

Rúguǒ nǐ jiǎn dào yígè qiánbāo, nǐ huì zěnme zuò?

만약 당신이 지갑 하나를 주워진다면 어떻게 하겠어요?

323. 你以前捡到过别人的东西吗?

Nǐ yǐqián jiǎn dàoguò biérén de dōngxī ma?

전에 다른 사람의 물건을 주운 적이 있어요?

324. 你丢过东西吗？丢了什么？

Nǐ diūguò dōngxī ma? Diūle shénme?

물건을 잃어버린 적이 있어요? 무엇을 잃어버렸어요?

325. 你认为动物有灵魂吗？

Nǐ rènwéi dòngwù yǒu línghún ma?

동물에게는 영혼이 있다고 생각해요?

326. 最让你感到羞耻的事是什么？为什么？

Zuì ràng nǐ gǎndào xiūchǐ de shì shì shénme? Wèishénme?

가장 수치스러운 일은 무엇인가요? 왜요?

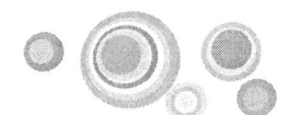

327. 你生命中最早的记忆是什么？

Nǐ shēngmìng zhòng zuìzǎo de jìyì shì shénme?

인생에서 가장 오래된 기억은 무엇인가요?

328. 如果你得独自为自己的生活负责，不能指望任何人，你的生活会发生哪些变化？

Rúguǒ nǐ děi dúzì wéi zìjǐ de shēnghuó fùzé, bùnéng zhǐwàng rènhé rén, nǐ de shēnghuó huì fāshēng nǎxiē biànhuà?

만약 당신은 자신의 생활을 스스로 책임져야 하고 누구에게도 기대할 수 없다면 당신의 생활에서 어떤 변화가 일어날 것 같아요?

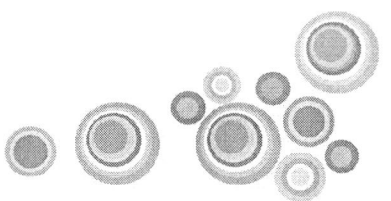

329. 你认为何时该保守秘密？为什么？

Nǐ rènwéi hé shí gāi bǎoshǒu mìmì? Wèishénme?

언제 비밀을 지켜야 한다고 생각해요? 왜요?

330. 你的秘密曾经告诉过谁？

Nǐ de mìmì céngjīng gàosùguò shéi?

당신의 비밀을 누구한테 말해 줬어요?

331. 你是一个诚实的人吗？

Nǐ shì yígè chéngshí de rén ma?

당신은 성실한 사람이에요?

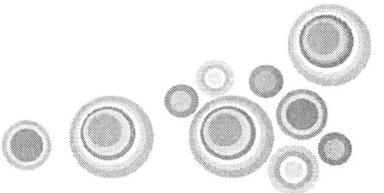

332. 你说过谎吗？为什么说谎？

Nǐ shuōguò huǎng ma? Wèishénme shuōhuǎng?

거짓말을 한 적이 있어요? 왜 거짓말을 했어요?

333. 你什么时候说过"善意的谎言"?

Nǐ shénme shíhòu shuōguò " shànyì de huǎngyán"?

"선의의 거짓말"을 언제 해 봤어요?

334. 你撒过的最严重的谎是什么？

Nǐ sāguò de zuì yánzhòng de huǎng shì shénme?

당신이 한 가장 심각한 거짓말이 무엇인가요?

335. 最近你有没有说错过话？说错了什么？

　　Zuìjìn nǐ yǒu méiyǒu shuō cuòguò huà? Shuō cuòle shénme?

　　최근에 당신은 말을 잘 못 한 적이 있어요? 무슨 말을 잘 못 했어요?

336. 你最不喜欢学校里的哪门课？为什么？

　　Nǐ zuì bù xǐhuān xuéxiào lǐ de nǎ mén kè? Wèishénme?

　　학교의 어떤 과목을 가장 싫어하세요? 왜요?

337. 你最喜欢学校里的哪门课？为什么？

　　Nǐ zuì xǐhuān xuéxiào lǐ de nǎ mén kè? Wèishénme?

　　당신은 학교의 어떤 과목을 가장 좋아하세요? 왜요?

338. 如果有一天自己变成了超人你最想干什么呢？

Rúguǒ yǒu yì tiān zìjǐ biàn chéngle chāorén nǐ zuì xiǎng gànshénme ne?

만약 어느 날 자신이 슈퍼맨이 되었다면 가장 하고 싶은 일은 무엇인가요?

339. 你喜欢养花花草草吗？

Nǐ xǐhuān yǎng huāhuā cǎocǎo ma?

당신은 식물을 키우는 것을 좋아하세요?

340. 你平时喜欢刷抖音或者youtube吗？

Nǐ píngshí xǐhuān shuā dǒu yīn huòzhě youtube ma?

당신은 평소에 틱톡이나 유튜브를 보는 것을 좋아하세요?

341. 你平常喜欢用美颜相机吗?

Nǐ píngcháng xǐhuān yòng měi yán xiàngjī ma?

당신은 평소에 뷰티 카메라를 즐겨 사용해요?

342. 什么样子的人你最不想和他相处呢?

Shénme yàngzi de rén nǐ zuì bùxiǎng hé tā xiāngchǔ ne?

어떤 사람과의 사귀기를 제일 싫어하세요?

343. 你平时喜欢关注和研究星座与血型吗?

Nǐ píngshí xǐhuān guānzhù hé yánjiū xīngzuò yǔ xiěxíng ma?

평소에 별자리와 혈액형에 관심 있어요?

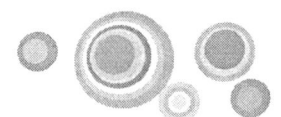

344. 你相信命运吗?

Nǐ xiāngxìn mìngyùn ma?

당신은 운명을 믿어요?

345. 如果你很穷的话你会在乎别人对你的看法吗?

Rúguǒ nǐ hěn qióng dehuà nǐ huì zàihū biérén duì nǐ de kànfǎ ma?

당신이 가난하면 다른 사람이 당신을 어떻게 생각하는지 신경 쓸 거에요?

346. 容貌和生命哪个更重要, 如果让你用容貌去换长生不老你愿意吗?

Róngmào hé shēngmìng nǎge gèng zhòngyào, rúguǒ ràng nǐ yòng róngmào qù huàn chángshēng bùlǎo nǐ yuànyì ma?

외모와 생명 중에서 어느 것이 더 중요하다고 생각해요? 외모로 불로장생을 바꿀 수 있다면 바꾸시겠어요?

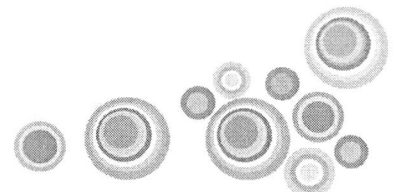

347. 如果容貌和智慧只能二选其一，那么你会坚定地选择哪一个呢？

Rúguǒ róngmào hé zhìhuì zhǐ néng èr xuǎn qí yī, nàme nǐ huì jiāndìng de xuǎnzé nǎ yígè ne?

외모와 지혜 둘 중 하나를 선택해야 한다면 당신은 결연히 어느 하나를 선택하겠어요?

348. 和异性交往时，你最看重对方哪一点？

Hé yìxìng jiāowǎng shí, nǐ zuì kànzhòng duìfāng nǎ yì diǎn?

이성과 사귈 때 상대방의 어떤 점을 가장 중요하게 여겨요?.

349. 你相信有一天地球会世界末日吗？

Nǐ xiāngxìn yǒu yì tiān dìqiú huì shìjiè mòrì ma?

지구 종말 할 날이 있다고 믿어요?

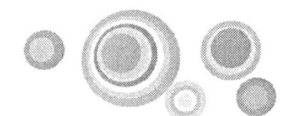

350. 在天黑之后你敢一个人走夜路吗?

Zài tiān hēi zhīhòu nǐ gǎn yígè rén zǒu yè lù ma?

날이 어두워진 후에 혼자 밤길을 걸을 수 있어요?

351. 你小的时候最想长大了做什么?

Nǐ xiǎo de shíhòu zuì xiǎng zhǎng dàle zuò shénme?

어렸을 때의 장래 희망이 뭐였어요?

352. 你有没有做过什么让你很出糗的事情呢?

Nǐ yǒu méiyǒu zuòguò shén me ràng nǐ hěn chū qiǔ de shìqíng ne?

당신은 어떤 엄청 창피한 일을 해 봤어요?

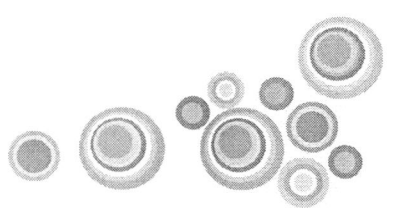

353. 你比较喜欢女强人还是全职太太呢?

Nǐ bǐjiào xǐhuān nǚ qiángrén háishì quánzhí tàitài ne?

당신은 유능한 직장 여성 아니면 전업 주부를 좋아하세요?

354. 你在上学的时候学习成绩怎么样?

Nǐ zài shàngxué de shíhòu xuéxí chéngjī zěnme yàng?

당신은 학교에 다닐 때 학습 성적이 어땠어요?

355. 哪个老师让你觉得印象十分深刻?

Nǎge lǎoshī ràng nǐ juéde yìnxiàng shífēn shēnkè?

어느 선생님이 깊은 인상을 남겼어요?

356. 你受到打击或者遇到挫折的时候都是怎么鼓励自己的呢?

Nǐ shòudào dǎjí huòzhě yù dào cuòzhé de shíhòu dōu shì zěnme gǔlì zìjǐ de ne?

타격을 받거나 좌절에 부딪쳤을 때 어떻게 자신을 격려해요?

357. 你觉得一见钟情和日久生情哪一个更靠谱?

Nǐ juéde yíjiànzhōngqíng hé rì jiǔshēng qíng nǎ yígè gèng kào pǔ?

첫 눈에 반한 것과 오래동안 사랑을 하게 되는데서 어느 것이 더 믿을 만해요?

358. 你这个人比较感性还是比较理性呢?

Nǐ zhège rén bǐjiào gǎnxìng háishì bǐjiào lǐxìng ne?

당신은 좀 감성적인 편이에요 아니면 좀 이성적인 편이에요?

359. 有没有一瞬间你觉得你突然长大了？

Yǒu méiyǒu yí shùnjiān nǐ juéde nǐ tū rán zhǎng dàle?

갑자기 철이 든 순간이 있었어요?

360. 你最奢侈的一次消费是什么？

Nǐ zuì shēchǐ de yícì xiāofèi shì shénme?

당신이 가장 사치스럽게 소비하는 것이 무엇인가요?

361. 你被人冤枉过吗？你是怎么处理的？

Nǐ bèi rén yuānwǎngguò ma? Nǐ shì zěnme chǔlǐ de?

당신은 남에게 억울한 누명을 쓴 적이 있어요? 어떻게 처리했어요?

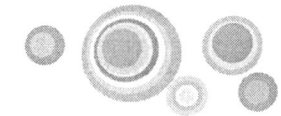

362. 你目前最大的愿望是什么?

Nǐ mùqián zuìdà de yuànwàng shì shénme?

지금 당신의 가장 큰 소원은 무엇인가요?

363. 请讲述一下你未来 5 年的事业或者学习规划。

Qǐng jiǎngshù yíxià nǐ wèilái 5 nián de shìyè huòzhě xuéxí guīhuà.

향후 5년 동안의 일 혹은 학습 계획을 말씀해 주세요.

364. 你眼中最完美的周末是怎么样的?

Nǐ yǎnzhōng zuì wánměi de zhōumò shì zěnme yàng de?

당신이 생각하는 가장 완벽한 주말은 어떤 것이에요?

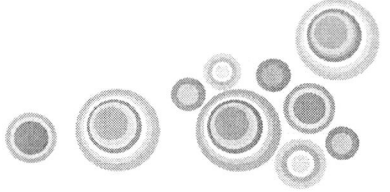

365. 你小时候的绰号是什么？你给别人起过外号吗？

Nǐ xiǎoshíhòu de chuòhào shì shénme? Nǐ gěi biérén qǐguò wài hào ma?

어릴 때 별명은 무엇인가요? 당신은 다른 사람에게 별명을 지어 준 적이 있어요?

366. 你觉得活着的意义是什么？

Nǐ juéde huózhe de yìyì shì shénme?

살아간다는 의미가 뭐라고 생각해요?

367. 你自己最宝贵的财富是什么？

Nǐ zìjǐ zuì bǎoguì de cáifù shì shénme?

자신의 가장 귀중한 자산은 무엇인가요?

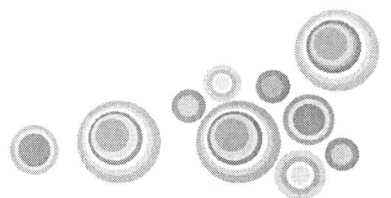

368. 你认为什么是你最好的才能?

Nǐ rènwéi shénme shì nǐ zuì hǎo de cáinéng?

당신이 가진 최고의 재능은 무엇이라고 생각해요?

369. 你最想实现的三个愿望是什么?

Nǐ zuì xiǎng shíxiàn de sān gè yuànwàng shì shénme?

당신이 가장 이루고 싶은 세 가지 소원은 무엇인가요?

370. 你遇到过小人吗? 你怎么对付小人?

Nǐ yù dàoguò xiǎo rén ma? Nǐ zěnme duìfù xiǎo rén?

나쁜 사람을 만난 적이 있어요? 당신은 어떻게 다뤘어요?

梦想中国语　会话

371. 你同意裸婚么？

Nǐ tóngyì luǒhūn me?

당신은 간소한 결혼에 동의해요?

372. 请用中文介绍三个你们国家最近流行的单词。

Qǐng yòng zhōngwén jièshào sān gè nǐmen guójiā zuìjìn liúxíng de dāncí.

중국어로 당신의 나라에서 최근에 유행하는 단어를 세 개 소개해 보세요.

373. 你会为了爱情牺牲一切吗？

Nǐ huì wèile àiqíng xīshēng yīqiè ma?

당신은 사랑을 위해 모든 것을 희생할 수 있어요?

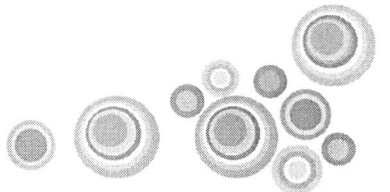

374. 爱情和友情，只能选择一个的话，你会选择哪个？为什么？

Àiqíng hé yǒuqíng, zhǐ néng xuǎnzé yígè dehuà, nǐ huì xuǎnzé nǎge? Wèishénme?

사랑과 우정, 둘 중 하나만 선택해야 한다면, 어느 것을 선택하겠어요? 왜요?

375. 说一下你最喜欢的一则广告以及原因。

Shuō yíxià nǐ zuì xǐhuān de yī zé guǎnggào yǐjí yuányīn.

가장 좋아하는 광고와 그 원인을 말씀해 보세요.

376. 你喜欢玩儿手机游戏吗?

Nǐ xǐhuān wán er shǒujī yóuxì ma?

당신은 핸드폰 게임을 좋아하세요?

377. 做什么事情的时候会让你觉得发自内心的快乐?

Zuò shénme shìqíng de shíhòu huì ràng nǐ juéde fā zì nèixīn de kuàilè?

어떤 일을 할 때 당신은 마음속으로 기쁨을 느껴요?

378. 你认为怎么做才能保护视力?

Nǐ rènwéi zěnme zuò cáinéng bǎohù shìlì?

당신은 어떻게 해야 시력을 보호할 수 있다고 생각해요?

379. 你现在和谁住在一起? 谈一下和你一起住的人。

Nǐ xiànzài hé shéi zhù zài yì qǐ? Tán yíxià hé nǐ yì qǐ zhù de rén.

당신은 지금 누구와 함께 살고 있어요? 같이 사는 사람에 대해 말해 보세요.

380. 你们家的家务一般是谁干?

Nǐmen jiā de jiāwù yìbān shì shéi gàn?

당신 집에서 보통 누가 집안일을 해요?

381. 在你的家人里面, 你和谁最亲?

Zài nǐ de jiārén lǐmiàn, nǐ hé shéi zuì qīn?

당신은 가족 중에서 누구와 가장 친해요?

382. 你和兄弟姐妹的关系怎么样? 你们经常打架吗?

Nǐ hé xiōngdì jiěmèi de guānxì zěnme yàng? Nǐmen jīngcháng dǎjià ma?

형제 자매들과의 관계는 어때요? 자주 싸워요?

383. 你和朋友或者兄弟姐妹打架时，父母一般怎么教育你？

Nǐ hé péngyǒu huòzhě xiōngdì jiěmèi dǎjià shí, fùmǔ yìbān zěnme jiàoyù nǐ?

친구나 형제 자매와 싸울 때 부모는 당신을 보통 어떻게 교육해요?

384. 请介绍一下你的父母，以及他们对你的影响。

Qǐng jièshào yíxià nǐ de fùmǔ, yǐjí tāmen duì nǐ de yǐngxiǎng.

당신의 부모님과 그들이 당신에게 끼친 영향을 소개해 보세요.

385. 说说你父母的婚姻。你感觉最美好和最糟糕的分别是哪一部分？

Shuō shuō nǐ fùmǔ de hūnyīn. Nǐ gǎnjué zuì měihǎo hé zuì zāogāo de fēnbié shì nǎ yíbùfèn?

부모님의 결혼 생활에 대해 말해 보세요. 가장 좋게 느끼는 것과 나쁘게 느끼는 것은 어느 부분이에요?

386. 你父母抚养你的时候，你家谁管钱？

Nǐ fùmǔ fǔyǎng nǐ de shíhòu, nǐ jiā shéi guǎn qián?

부모님이 당신을 키울 때, 누가 돈을 관리했어요?

387. 你为父母做过的最感动的事情是什么？

Nǐ wèi fùmǔ zuòguò de zuì gǎndòng de shìqíng shì shénme?

당신이 부모님에게 해 준 가장 감동적인 일은 무엇인가요?

388. 父母为你做过的最感动的事情是什么？

Fùmǔ wèi nǐ zuòguò de zuì gǎndòng de shìqíng shì shénme?

부모님께서 당신을 위해 했던 가장 감동적인 일은 무엇인가요?

389. 你不经意做的哪件事最让父母开心?

Nǐ bùjīngyì zuò de nǎ jiàn shì zuì ràng fùmǔ kāixīn?

당신이 무심코 한 어떤 일이 가장 부모님을 즐겁게 했어요?

390. 你做过的最让你父母生气的事情是什么?

Nǐ zuòguò de zuì ràng nǐ fùmǔ shēngqì de shìqíng shì shénme?

당신이 한 것 중에서 부모님들을 가장 화나게 했던 것은 무엇인가요?

391. 你打算如何赡养年老的父母?

Nǐ dǎsuàn rúhé shànyǎng nián lǎo de fùmǔ?

나이 드신 부모님을 어떻게 돌보실 계획이세요?

392. 你觉得自己和父母那一代人有什么相同和不同的地方?

Nǐ juéde zìjǐ hé fùmǔ nà yí dài rén yǒu shén me xiāngtóng hé bùtóng de dìfāng?

부모 세대와 어떤 같은 점과 차이점이 있어요?

393. 你认为父母应该对孩子慈爱还是严厉? 为什么?

Nǐ rènwéi fùmǔ yīnggāi duì háizi cí'ài háishì yánlì? Wèishénme?

부모님이 아이에게 자애로워야 해요 아니면 엄해야 한다고 생각해요? 왜요?

394. 你认为什么样的父母才是合格的父母?

Nǐ rènwéi shénme yàng de fùmǔ cái shì hégé de fùmǔ?

당신은 어떤 부모가 합격한 부모라고 생각해요?

395. 如果让你给父母发一个小视频，说一下你的心里话，你会说什么？

Rúguǒ ràng nǐ gěi fùmǔ fā yígè xiǎo shìpín, shuō yíxià nǐ de xīnlǐ huà, nǐ huì shuō shénme?

부모한테 작은 동영상 한 통을 보내여 속마음을 말해 주면 어떤 말을 하겠어요?

396. 上次和你的父母敞开心扉，推心置腹的谈心是什么时候？

Shàng cì hé nǐ de fùmǔ chǎngkāixīnfēi, tuīxīnzhìfù de tánxīn shì shénme shíhòu?

지난 번에 부모님과 속마음을 털어놓고 이야기를 나눈 것이 언제예요?

397. 上次和父母一起去旅游是什么时候？

Shàng cì hé fùmǔ yì qǐ qù lǚyóu shì shénme shíhòu?

지난 번에 부모님과 함께 여행을 갔던 게 언제예요?

398. 你上次给父母买礼物是什么时候？买了什么？

Nǐ shàng cì gěi fùmǔ mǎi lǐwù shì shénme shíhòu? Mǎile shénme?

지난 번에 부모님께 선물을 사 드린게 언제예요? 무엇을 샀어요?

399. 你买过的什么礼物让父母特别开心？

Nǐ mǎiguò de shénme lǐwù ràng fùmǔ tèbié kāi xīn?

당신이 산 어떤 선물이 부모님들을 특히 기쁘게 했어요?

400. 谈一谈你的一次失败经历。

Tán yī tán nǐ de yícì shībài jīnglì.

당신의 실패한 경험을 한 번 말해 보세요.

대화 주제 401-500

401. 你觉得什么才是真正的幸福？

Nǐ juéde shénme cái shì zhēnzhèng de xìngfú?

무엇이 진정한 행복이라고 생각하세요?

402. 请介绍一下你学生时代印象最深刻的朋友。

Qǐng jièshào yíxià nǐ xuéshēng shídài yìnxiàng zuì shēnkè de péngyǒu.

학창 시절에 가장 인상이 깊었던 친구를 소개해 보세요.

403. 你最近感到压力大的事情是什么？为什么？

Nǐ zuìjìn gǎndào yālì dà de shìqíng shì shénme? Wèishénme?

최근에 스트레스를 많이 받은 일은 무엇인가요? 왜요?

404. 你对什么完全没有耐心？

Nǐ duì shénme wánquán méiyǒu nàixīn?

당신은 어떤 것에 대해 전혀 인내심이 없어요?

405. 如果有个陌生网友在你的照片底下恶评，你会怎么办？

Rúguǒ yǒu gè mòshēng wǎngyǒu zài nǐ de zhàopiàn dǐxia è píng, nǐ huì zěnme bàn?

낯선 네티즌이 당신의 사진 아래 악플을 한다면 어떻게 하겠어요?

406. 如果你看不惯一个人的行为，你会直说吗?

Rúguǒ nǐ kàn bú guàn yígè rén de xíngwéi, nǐ huì zhí shuō ma?

한 사람의 행위가 눈에 거슬린다면 당신은 솔직히 말하는 스타일이에요?

407. 你上下班一般花多长时间?

Nǐ shàng xiàbān yìbān huā duō cháng shíjiān?

출퇴근할 때 보통 시간이 얼마나 걸려요?

408. 上次去看海是什么时候?

Shàng cì qù kàn hǎi shì shénme shíhòu?

지난 번에 바다 구경을 갔던게 언제예요?

409. 上次去爬山是什么时候?

Shàng cì qù páshān shì shénme shíhòu?

지난 번에 산에 갔던게 언제예요?

410. 上次去练歌房唱歌是什么时候?

Shàng cì qù liàn gē fáng chànggē shì shénme shíhòu?

마지막으로 노래방에 갔던게 언제예요?

411. 你上次跑步是什么时候?

Nǐ shàng cì pǎobù shì shénme shíhòu?

마지막으로 달리기를 했던게 언제예요?

梦想中国语　会话

412. 哪一种运动对你的影响最大?

Nǎ yì zhǒng yùndòng duì nǐ de yǐngxiǎng zuìdà?

어떤 운동이 당신에게 가장 큰 영향을 미쳤어요?

413. 介绍一下你最喜欢的运动。

Jièshào yíxià nǐ zuì xǐhuān de yùndòng.

가장 좋아하는 운동을 소개해 보세요.

414. 你最喜欢的运动选手是谁? 为什么?

Nǐ zuì xǐhuān de yùndòng xuǎnshǒu shì shéi? Wèishénme?

당신이 가장 좋아하는 운동 선수는 누구예요? 왜요?

415. 你坚持时间最长的一项运动是什么?

Nǐ jiānchí shíjiān zuì zhǎng de yí xiàng yùndòng shì shénme?

당신은 가장 오랫동안 하는 운동이 무엇인가요?

416. 你有什么资格证?

Nǐ yǒu shén me zīgé zhèng?

당신은 어떤 자격증을 따냈어요?

417. 你考的所有资格证里面,哪个证书帮助最大?

Nǐ kǎo de suǒyǒu zīgé zhèng lǐmiàn, nǎge zhèngshū bāngzhù zuìdà?

당신이 가진 모든 자격증 중에서 어떤 자격증이 가장 큰 도움이 됐어요?

418. 你们国家的大学生必考的资格证有哪些?

Nǐmen guójiā de dàxuéshēng bì kǎo de zīgé zhèng yǒu nǎxiē?

당신의 나라의 대학생들이 반드시 어떤 자격증을 따야 해요?

419. 如果有足够的时间和金钱, 你想去学习和考出哪种资格证?

Rúguǒ yǒu zúgòu de shíjiān hé jīnqián, nǐ xiǎng qù xuéxí hé kǎo chū nǎ zhǒng zīgé zhèng?

만약 충분한 시간과 돈이 있다면 당신은 어떤 자격증을 따고 싶어요?

420. 婚姻对你来说最重要的是什么?

Hūnyīn duì nǐ lái shuō zuì zhòngyào de shì shénme?

결혼은 당신에게 가장 중요한 것은 무엇인가요?

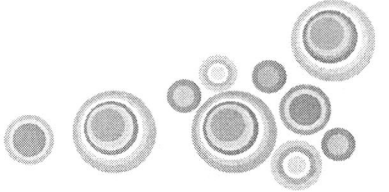

421. 如果让你选择做一个电影中的角色，你会选择谁？

Rúguǒ ràng nǐ xuǎnzé zuò yígè diànyǐng zhōng de juésè, nǐ huì xuǎnzé shéi?

만약 영화 속의 배역을 선택할 수 있다면 당신은 누구를 선택하겠어요?

422. 如果你要做慈善捐款，你会以什么方式捐款？捐给谁？

Rúguǒ nǐ yào zuò císhàn juānkuǎn, nǐ huì yǐ shénme fāngshì juānkuǎn? Juān gěi shéi?

자선 기부금을 하고자 한다면 어떤 방식으로 누구에게 기부하겠요?

423. 请介绍一下你们国家的季节和天气。

Qǐng jièshào yíxià nǐmen guójiā de jìjié hé tiānqì.

당신의 나라의 계절과 날씨를 소개해 보세요.

424. 请介绍一个你们国家的伟人。

Qǐng jièshào yígè nǐmen guójiā de wěirén.

당신의 나라의 위인 한 명을 소개해 보세요.

425. 最近很多年轻人选择不结婚, 不生孩子, 你怎么看待这件事情?

Zuìjìn hěnduō niánqīng rén xuǎn zhái bù jiéhūn, bù shēng háizi, nǐ zěnme kàndài zhè jiàn shìqíng?

요즘 많은 젊은이들이 결혼을 하지 않고 아이를 낳지 않아요. 이 일을 어떻게 생각해요?

426. 谈一下你心目中对"家"的定义。

Tán yíxià nǐ xīnmù zhōng duì "jiā" de dìngyì.

당신이 생각하는 '집'의 정의를 말해 보세요.

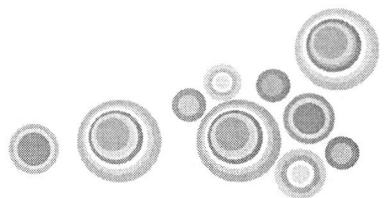

427. 谈一下你心目中对"朋友"的定义。

Tán yíxià nǐ xīnmù zhōng duì "péngyǒu" de dìngyì.

당신이 친구에 대한 정의를 말해 보세요.

428. 谈一下你心目中对"爱"的定义。

Tán yíxià nǐ xīnmù zhōng duì "ài" de dìngyì.

당신이 생각하는 '사랑'에 대한 정의를 말해 보세요.

429. 你看过《欢乐颂》吗？谈谈你最喜欢哪个人物，以及喜欢他的原因。

Nǐ kànguò "huānlè sòng" ma? Tán tán nǐ zuì xǐhuān nǎge rénwù, yǐjí xǐhuān tā de yuányīn.

「환락송」을 보았어요? 당신이 좋아하는 인물, 그리고 그를 좋아하는 이유를 말해 보세요.

430. 你看过《三国演义》吗？谈谈你最喜欢哪个人物，以及喜欢他的原因。

Nǐ kànguò "sānguó yǎnyì" ma? Tán tán nǐ zuì xǐhuān nǎge rénwù, yǐjí xǐhuān tā de yuányīn.

「삼국지」를 본 적이 있어요? 좋아하는 인물, 그리고 그를 좋아하는 이유를 말해 보세요.

431. 《三国演义》中，你最不喜欢的人物是谁？为什么？

"Sānguó yǎnyì" zhōng, nǐ zuì bù xǐhuān de rénwù shì shéi? Wèishénme?

「삼국지」에서 당신이 가장 싫어하는 인물은 누구예요? 왜요?

432. 你看过《西游记》吗？谈谈你最喜欢哪个人物，以及喜欢他的原因。

Nǐ kànguò "xīyóu jì" ma? Tán tán nǐ zuì xǐhuān nǎge rénwù, yǐjí xǐhuān tā de yuányīn.

「서유기」를 본 적이 있어요? 좋아하는 인물, 그리고 그를 좋아하는 이유를 말해 보세요.

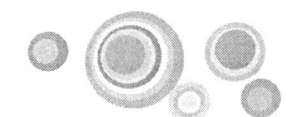

433. 你对减肥是什么态度？为什么？

Nǐ duì jiǎnféi shì shénme tàidù? Wèishénme?

다이어트에 대해 어떤 태도를 가지고 있어요? 왜요?

434. 请谈一下快餐的利于弊。

Qǐng tán yíxià kuàicān de lìyú bì.

패스트푸드의 장단점에 대하여 말해 보세요.

435. 人们常说"自强不息，厚德载物"。谈谈你对这句话的看法。

Rénmen cháng shuō "zìqiángbùxī, hòu dé zǎi wù". Tán tán nǐ duì zhè jù huà de kànfǎ.

사람들은 늘 "자강불식, 후덕재물"이라고 말해요. 이 말에 대해 당신의 생각을 말해 보세요.

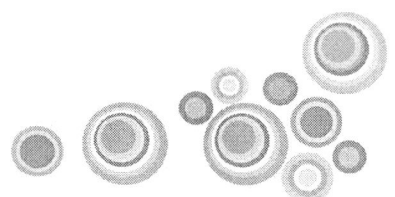

436. 你认为成功是什么？

Nǐ rènwéi chénggōng shì shénme?

당신은 성공이란 무엇이라고 생각해요?

437. 你认为成功需要什么条件？

Nǐ rènwéi chénggōng xūyào shénme tiáojiàn?

당신은 성공하려면 어떤 조건이 필요하다고 생각해요?

438. 你对网恋有什么看法？

Nǐ duì wǎngliàn yǒu shén me kànfǎ?

당신은 인터넷 사랑에 대해 어떻게 생각하세요?

439. 谈一下你最想在什么样的公司工作？

Tán yíxià nǐ zuì xiǎng zài shénme yàng de gōngsī gōngzuò?

당신이 가장 어떤 회사에서 일하고 싶어요?

440. 你的上司人怎么样？

Nǐ de shàngsi rén zěnme yàng?

당신의 상사는 어떤 사람이에요?

441. 你希望自己的上司是什么样的人？

Nǐ xīwàng zìjǐ de shàngsi shì shénme yàng de rén?

자신의 상사가 어떤 사람이기를 바래요?

442. 你在工作中遇到过的最棘手的事情是什么?

Nǐ zài gōngzuò zhōng yù dàoguò de zuì jíshǒu de shìqíng shì shénme?

당신이 사업에서 부딪친 가장 어려운 일은 무엇인가요?

443. 你希望与什么样的同事共事?

Nǐ xīwàng yǔ shénme yàng de tóngshì gòngshì?

당신은 어떤 동료들과 함께 일하고 싶어요?

444. 与上级意见不一致时,你会怎么办?

Yǔ shàngjí yìjiàn bù yí zhì shí, nǐ huì zěnme bàn?

상사와 의견이 일치하지 않을 경우 당신은 어떻게 하겠어요?

445. 你属于哪个团队？

Nǐ shǔyú nǎge tuánduì?

당신은 어느 팀에 속해요?

446. 你认为合作在团队中起了什么作用？举例说明。

Nǐ rènwéi hézuò zài tuánduì zhōng qǐle shénme zuòyòng? Jǔlì shuōmíng.

협력이 팀에서 어떤 역할을 한다고 생각해요? 예를 들어 설명해 보세요.

447. 请谈一下你们国家的加班文化。

Qǐng tán yíxià nǐmen guójiā de jiābān wénhuà.

당신의 나라의 "야근 문화"에 대해 말해 보세요.

448. 请谈一下你们国家的职场文化。

Qǐng tán yíxià nǐmen guójiā de zhíchǎng wénhuà.

당신 나라의 직장 문화에 대하여 말해 보세요.

449. 你觉得什么样的人有人格魅力?

Nǐ juéde shénme yàng de rén yǒu réngé mèilì?

당신은 어떤 사람이 인간 매력을 가진다고 생각해요?

450. 你有职业病吗? 谈一下你对职业病的看法。

Nǐ yǒu zhíyèbìng ma? Tán yíxià nǐ duì zhíyèbìng de kànfǎ.

직업병이 있어요? 직업병에 대한 당신의 견해를 말해 보세요.

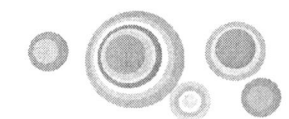

451. 你认为人类历史上最伟大的发明是什么？

Nǐ rènwéi rénlèi lìshǐ shàng zuì wěidà de fā míng shì shénme?

당신은 인류 역사상 가장 위대한 발명은 무엇이라고 생각해요?

452. 你认为应该休学创业还是毕业后创业？

Nǐ rènwéi yīnggāi xiūxué chuàngyè háishì bìyè hòu chuàngyè?

휴학하여 창업해야 해요 아니면 졸업 후에 창업해야 해요?

453. 你认为最伟大的职业是什么？

Nǐ rènwéi zuì wěidà de zhíyè shì shénme?

가장 위대한 직업은 무엇이라고 생각해요?

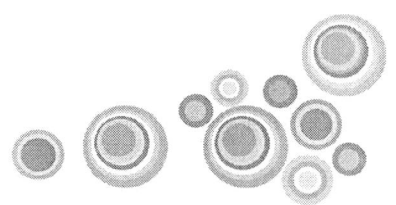

454. 你认为人的性格会改变吗?

Nǐ rènwéi rén de xìnggé huì gǎibiàn ma?

사람의 성격이 변할 수 있다고 생각해요?

455. 当你身边出现负能量满满的人，你一般会怎么做?

Dāng nǐ shēnbiān chūxiàn fù néngliàng mǎn mǎn de rén, nǐ yìbān huì zěnme zuò?

당신 주변에 부정 에너지가 가득 찬 사람이 나타날 때 보통 어떻게 해요?

456. 你怎么看待早期留学?

Nǐ zěnme kàndài zǎoqí liúxué?

당신은 조기 유학을 어떻게 생각해요?

457. 你认为把办公室的笔或便笺本带回家算偷窃吗?

Nǐ rènwéi bǎ bàngōngshì de bǐ huò biànjiān běn dài huí jiā suàn tōuqiè ma?

사무실의 펜이나 메모노트를 집으로 가져 간 것을 도둑질이라고 생각해요?

458. 人为什么要工作?

Rén wèi shénme yào gōngzuò?

인간은 왜 일을 해야 해요?

459. 你犯过错误吗? 什么错误? 怎么改的?

Nǐ fànguò cuòwù ma? Shén me cuòwù? Zěnme gǎi de?

일을 잘 못한 적이 있어요? 어떤 실수예요? 어떻게 고쳤어요?

460. 《论语》《易经》《孙子兵法》《道德经》等这些经典著作，你读过哪一个？谈一下你对这些古书的看法。

"Lúnyǔ""yì jīng""sūnzi bīngfǎ""dàodé jīng" děng zhèxiē jīngdiǎn zhùzuò, nǐ dúguò nǎ yígè? Tán yíxià nǐ duì zhèxiē gǔshū de kànfǎ.

「논어」,「역경」,「손자병법」,「도덕경」등 고전을 어떤 걸 읽어 보았어요? 고전에 대한 당신의 생각을 말해 보세요.

461. 你认为怎么样才能避免做一只"井底之蛙"？

Nǐ rènwéi zěnme yàng cáinéng bìmiǎn zuò yī zhī "jǐngdǐzhīwā"?

"우물 안 개구리"를 피하려면 어떻게 해야 한다고 생각해요?

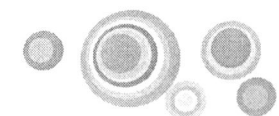

462. 你认为女人结婚后应该工作吗？还是女人应该做"全职太太"？

Nǐ rènwéi nǚrén jiéhūn hòu yīnggāi gōngzuò ma? Háishì nǚrén yīnggāi zuò "quánzhí tàitài"?

여자는 결혼 후 일을 계속 해야 해요? 아니면 전업 주부가 되어야 해요?

463. 在家庭里面，爸爸和妈妈"一个唱红脸，一个唱白脸"，对孩子好吗？

zài jiātíng lǐmiàn, bàba hé māmā "yígè chàng hóngliǎn, yígè chàng bái liǎn", duì háizi hǎo ma?

가정에서 아빠와 엄마는 "한 사람은 자상하고, 또 다른 사람은 엄격하다"고 하는데 아이에게 좋다고 생각해요?

464. 你的6岁的女儿在百货店里面走丢了，请向工作人员描述一下她的样子。

Nǐ de 6 suì de nǚ'ér zài bǎihuò diàn lǐmiàn zǒu diūle, qǐng xiàng gōngzuò rényuán miáoshù yíxià tā de yàngzi.

당신의 여섯 살 된 딸이 백화점에서 잃어 버렸어요. 점원에게 그녀의 모습을 설명해 주세요.

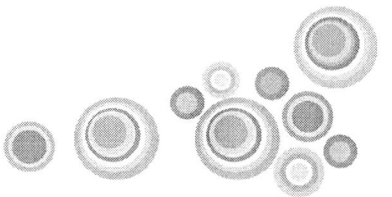

465. 你妈妈出去买菜了，你突然发现家里没有洗衣液了，请给你的妈妈打电话让她顺便买点。

Nǐ māmā chūqù mǎi càile, nǐ tū rán fāxiàn jiālǐ méiyǒu xǐyī yèle, qǐng gěi nǐ de māmā dǎ diànhuà ràng tā shùnbiàn mǎidiǎn.

엄마가 채소를 사러 나갔는데, 당신이 갑자기 집에 세탁 세제가 다 떨어진 것을 발견했어요. 엄마한테 전화해서 세제를 좀 사오라고 해 보세요.

466. 孩子教育上，你觉得爸爸影响大还是妈妈影响大？

Háizi jiàoyù shàng, nǐ juéde bàba yǐngxiǎng dà háishì māmā yǐngxiǎng dà?

아이의 교육에서 아빠의 영향이 커요? 아니면 어머니의 영향이 커요?

467. 怎么解决长辈和晚辈之间的代沟问题?

Zěnme jiějué zhǎngbèi hé wǎnbèi zhī jiān de dàigōu wèntí?

손윗 사람과 손아랫 사람 사이의 세대 차이를 어떻게 해결하겠어요?

468. 你约了朋友去看电影，电影票都买好了，但是突然身体不舒服，去不了了，请拒绝他。

Nǐ yuēle péngyǒu qù kàn diànyǐng, diànyǐng piào dōu mǎihǎole, dànshì tūrán shēntǐ bù shūfú, qù bùliǎole, qǐng jùjué tā.

당신은 친구와 영화를 보러 가기로 약속했다. 표를 다 샀지만 당신은 갑자기 몸이 아파졌다. 친구한테 못 가게 됐다고 해 보세요.

469. 你今天搬家，朋友来帮了不少忙，刚才刚搬完家，请向他表示感谢。

Nǐ jīntiān bānjiā, péngyǒu lái bāng liǎo bù shǎo máng, gāngcái gāng bān wán jiā, qǐng xiàng tā biǎoshì gǎnxiè.

오늘 이사하는데 친구가 와서 많은 도움을 줬다.

방금 이사를 끝내서 그분에게 감사를 표시해 주세요.

470. 你的朋友借了你的钱，但是说没有钱，还不起了，你怎么回答他?

Nǐ de péngyǒu jièle nǐ de qián, dànshì shuō méiyǒu qián, hái bù qǐle, nǐ zěnme huídá tā?

친구가 당신의 돈을 빌렸지만 이제 돈이 없어서 돌려 주지 못하겠다고 얘기했다.

당신은 어떻게 대답해요?

471. 韩国公司经常加班吗?

Hánguó gōngsī jīngcháng jiābān ma?

한국 회사는 자주 야근을 해요?

472. 你毕业后想去公司工作，但是你父母希望你做公务员，请说服他们。

Nǐ bìyè hòu xiǎng qù gōngsī gōngzuò, dànshì nǐ fùmǔ xīwàng nǐ zuò gōngwùyuán, qǐng shuì fú tāmen.

당신은 졸업한 후 회사에 취직하려 하는데 부모님이당신이 공무원으로 되기를 바란다.

그들을 설득해 주세요.

473. 你觉得学历能证明一个人的能力吗? 请谈一下。

Nǐ juéde xuélì néng zhèngmíng yígè rén de nénglì ma? Qǐng tán yíxià.

학력이 한 사람의 능력을 증명할 수 있다고 생각해요? 얘기해 보세요.

474. 你赞成高考吗？请谈一下你的看法。

Nǐ zànchéng gāokǎo ma? Qǐng tán yíxià nǐ de kànfǎ.

수능을 찬성해요? 당신의 의견을 말씀해 주세요.

475. 谈一下你的高考经历。

Tán yíxià nǐ de gāokǎo jīnglì.

당신의 수능을 본 경험을 말해 보세요.

476. 韩国什么时候高考？请谈一下和中国或者美国高考的不同之处。

Hánguó shénme shíhòu gāokǎo? Qǐng tán yíxià hé zhōngguó huòzhě měiguó gāokǎo de bù tóng zhī chù.

한국의 수능 시험은 언제예요? 중국이나 미국과의 다른 점이 무엇인지 설명해 주세요.

477. 学生时代的成绩，对你们去大学有影响吗？请谈一下。

Xuéshēng shídài de chéngjī, duì nǐmen qù dàxué yǒu yǐngxiǎng ma? Qǐng tán yíxià.

당신 나라에서 학창 시절의 성적이 대학에 가는 것에 영향을 줘요? 얘기해 보세요.

478. 你常常在哪儿学习？请简单介绍一下。

Nǐ chángcháng zài nǎ'er xuéxí? Qǐng jiǎndān jièshào yíxià.

어디에서 자주 공부해요? 간단히 소개해 주세요.

479. 你在图书馆学习，但是旁边的人太吵了，你告诉他们安静一下。

Nǐ zài túshū guǎn xuéxí, dànshì pángbiān de rén tài chǎole, nǐ gàosù tāmen ānjìng yíxià.

도서관에서 공부하고 있지만 옆사람이 너무 시끄러워서 그들에게 조용하라고 하세요.

480. 你家孩子今年上高三，但是邻居今天晚上特别吵，请打电话给物业投诉。

Nǐ jiā háizi jīnnián shàng gāosān, dànshì línjū jīntiān wǎnshàng tèbié chǎo, qǐng dǎ diànhuà gěi wùyè tóusù.

당신의 아이가 올해 고 3인데 이웃집은 오늘 저녁에 너무 시끄럽다.관리 사무실에게 민원 전화를 해 보세요.

481. 你今天回家晚了，结果发现你家的车位被别人的车占了，请打电话让对方移车。

Nǐ jīntiān huí jiā wǎnle, jiéguǒ fāxiàn nǐ jiā de chēwèi bèi biérén de chē zhànle, qǐng dǎ diànhuà ràng duìfāng yí chē.

당신은 오늘 늦게 집에 왔다. 와 보니 당신 집의 주차 자리를 다른 사람의 차가 차지했다. 전화를 걸어 상대방이 차를 옮기도록 하세요.

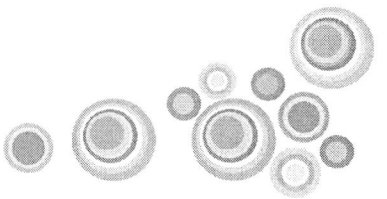

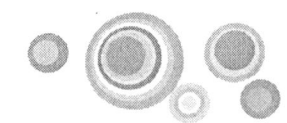

482. 你家的熊孩子把邻居家豪车的车标掰下来了，请带着孩子去邻居家道歉。

Nǐ jiā de xióng háizi bǎ línjū jiā háo chē de chē biāo bāi xiàláile, qǐng dàizhe háizi qù línjū jiā dàoqiàn.

당신의 장난이 많은 아이가 이웃집의 값비싼 승용차의 마크를 떼어냈다.

아이를 데리고 이웃집에 가서 사과해 보세요.

483. 最近你们公司消防不达标，被告知有被吊销执照的风险，

请去消防部门，和相关人员谈一下怎么解决。

Zuìjìn nǐmen gōngsī xiāofáng bù dábiāo, bèi gàozhī yǒu bèi diàoxiāo zhízhào de fēngxiǎn,

qǐng qù xiāofáng bùmén, hé xiāngguān rényuán tán yíxià zěnme jiějué.

당신은 최근 회사가 소방 기준을 미치지 못 해서 사업자등록증이 취소될 위험이

있다고 들었다. 소방 부서에 가서 관련 인원과 상담해 보세요.

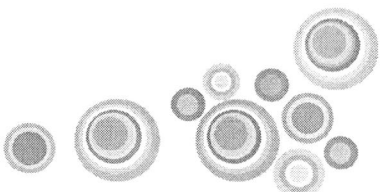

484. 你正在竞选留学生学生会会长，请做一个竞选演讲，让同学们给你投票。

　　　Nǐ zhèngzài jìngxuǎn liúxuéshēng xuéshēnghuì huì zhǎng, qǐng zuò yígè jìngxuǎn yǎnjiǎng, ràng tóngxuémen gěi nǐ tóupiào.

　　　당신이 유학생 학생 회장 선거에 출마하려는데, 학생들이 투표를 하도록 선거 연설을 해 보세요.

485. 你的邻居总是星期日早上弹钢琴，弄得你休息不好，请去找他谈一下。

　　Nǐ de línjū zǒng shì xīngqīrì zǎoshang tán gāngqín, nòng de nǐ xiūxí bù hǎo, qǐng qù zhǎo tā tán yíxià.

　　이웃이 늘 일요일 아침에 피아노를 치는 바람에 당신은 휴식을 제대로 취하지 못해요.

　　이웃 집에 찾아가서 이야기해 보세요.

486. 上个月你家去旅游了，但是水费电费却需要交很多，请打电话向物业反映这个问题。

Shàng gè yuè nǐ jiā qù lǚyóule, dànshì shuǐ fèi diànfèi què xūyào jiāo hěnduō, qǐng dǎ diànhuà xiàng wùyè fǎnyìng zhège wèntí.

지난 달 당신과 가족이 여행 갔는데 이번달은 수도료와 전기세를 많이 내야 했다.

관리 사무실에 전화를 걸어 이 문제를 제기해 보세요.

487. 你喜欢跟团旅游还是不跟团旅游？为什么？

Nǐ xǐhuān gēn tuán lǚyóu háishì bù gēn tuán lǚyóu? Wèishénme?

단체 여행을 좋아하세요? 아니면 싫어하세요? 왜요?

488. 你认为智能手机的好处和坏处是什么？

Nǐ rènwéi zhìnéng shǒujī de hǎochù hé huàichu shì shénme?

스마트폰의 장단점은 무엇이라고 생각해요?

489. 你家的空调坏了，请给修理公司打电话让他们来修理。

Nǐ jiā de kōngtiáo huàile, qǐng gěi xiūlǐ gōngsī dǎ diànhuà ràng tāmen lái xiūlǐ.

당신 집의 에어컨이 고장났으니 수리회사에 전화를 걸어 수리하라고 하세요.

490. 你们家的电梯又坏了，请给物业管理办公室打个电话，反映一下。

Nǐmen jiā de diàntī yòu huàile, qǐng gěi wùyè guǎnlǐ bàngōngshì dǎ gè diànhuà, fǎnyìng yíxià.

당신 집의 엘리베이터가 또 고장났는데 관리 사무실에 전화를 걸어 반영해 주세요.

491. 养宠物有什么好处和坏处？

Yǎng chǒngwù yǒu shén me hǎochù hé huàichu?

애완동물을 기르는 장단점이 무엇이에요?

492. 你要卖房子，请向看房子的人介绍一下你要卖的这个房子的优点。

Nǐ yào mài fángzi, qǐng xiàng kàn fángzi de rén jièshào yíxià nǐ yào mài de zhège fángzi de yōudiǎn.

당신은 집을 매도할 예정이다. 집을 보러 오는 사람에게 이 집의 장점을 소개해 보세요.

493. 你在网上买了一件衣服，可是店家发错了，请打电话说明并要求交换。

Nǐ zài wǎngshàng mǎile yí jiàn yīfú, kěshì diànjiā fā cuòle, qǐng dǎ diànhuà shuōmíng bìng yāoqiú jiāohuàn.

인터넷에서 옷을 한 벌 샀는데 판매처가 잘못 보냈다. 전화로 설명하고 교환을 요구하세요.

494. 你在网上买了一件衣服，但是质量很差，和卖家秀完全不符，请打电话给卖家投诉。

Nǐ zài wǎngshàng mǎile yí jiàn yīfú, dànshì zhìliàng hěn chà, hé màijiā xiù wánquán bùfú,

qǐng dǎ diànhuà gěi màijiā tóusù.

당신이 인터넷에서 옷을 하나 샀지만, 품질이 너무 나쁘고 판매용 사진과는 많이 달라요.
판매처에게 전화해서 문제를 제기하세요.

495. 你在手机上点了一个外卖，但是菜非常难吃，请给卖家一个差评。

Nǐ zài shǒujī shàng diǎnle yígè wàimài, dànshì cài fēicháng nán chī, qǐng gěi màijiā yí gè chà píng.

핸드폰에서 배달을 시켰는데, 음식이 너무 맛 없었다. 이 가게 구매평 댓글을 쓰세요.

496. 你认为小孩子该不该有零花钱？为什么？

Nǐ rènwéi xiǎo háizi gāi bù gāi yǒu línghuā qián? Wèishénme?

아이가 용돈이 있어야 한다고 생각해요? 왜요?

497. 有人认为"沉默是金"，你怎么看？为什么？

Yǒurén rènwéi "chénmò shì jīn", nǐ zěnme kàn? Wèishénme?

어떤 사람은 '침묵은 금이다'라고 말하는데, 당신은 어떻게 생각해요? 왜요?

498. 人们经常说"谦虚是美德"，你怎么看这句话？

Rénmen jīngcháng shuō "qiānxū shì měidé", nǐ zěnme kàn zhè jù huà?

사람들은 흔히 '겸손은 미덕' 이라고 하는데 당신은 이 말을 어떻게 생각해요?

499. 每个人对成功都有自己的看法，请谈一下你的看法。

Měi gèrén duì chénggōng dōu yǒu zìjǐ de kànfǎ, qǐng tán yíxià nǐ de kànfǎ.

사람마다 성공에 대하여 자기의 견해를 가지고 있는데. 당신의 견해를 말해 보세요.

500. 如果你是老板，你希望雇佣什么样的员工？

Rúguǒ nǐ shì lǎobǎn, nǐ xīwàng gùyōng shénme yàng de yuángōng?

당신이 사장이라면 어떤 직원을 고용하고 싶어요?

대화 주제 501-600

501. 对成功而言，能力和运气，哪个更重要？为什么？

Duì chénggōng ér yán, nénglì hé yùnqì, nǎge gèng zhòngyào? Wèishénme?

성공에 있어서 능력과 운은 중 어느 것이 더 중요해요? 왜요?

502. 你相信这个世界上有外星人吗？请谈一下你的看法。

Nǐ xiāngxìn zhège shìjiè shàng yǒu wài xīng rén ma? Qǐng tán yíxià nǐ de kànfǎ.

이 세상에 외계인이 있다고 믿어요? 당신의 의견을 말해 보세요.

503. 地球上面有人居住，地球下面有人居住吗？请谈一下你的看法。

Dìqiú shàngmiàn yǒurén jūzhù, dìqiú xiàmiàn yǒurén jūzhù ma? Qǐng tán yíxià nǐ de kànfǎ.

지구 위에 사람들이 사는데 지구 아래에 사는 사람이 있어요? 당신의 의견을 말해 보세요.

504. 电视台的导演派你去一家茅台酒酒厂拉赞助，请和酒厂负责人聊天，劝他们在你们节目做广告。

Diànshìtái de dǎoyǎn pài nǐ qù yījiā máotái jiǔ jiǔ chǎng lā zànzhù, qǐng hé jiǔ chǎng fùzé rén liáotiān, quàn tāmen zài nǐmen jiémù zuò guǎnggào.

TV 방송국의 감독님이 당신을 모태주 양조장에 파견해 현찬을 받아 내라고 했다. 공장 책임자와 대화를 나누면서 그들이 당신의 프로에 광고를 넣도록 권고해 보세요.

505. 你怎么看待人类移民火星?

Nǐ zěnme kàndài rénlèi yímín huǒxīng?

인간이 화성으로 이민하는 것에 대해 어떻게 생각해요?

506. 有人说地球上的生命可能来自外太空，你怎么看?

Yǒurén shuō dìqiú shàng de shēngmìng kěnéng láizì wài tàikōng, nǐ zěnme kàn?

어떤 사람은 지구 상의 생명이 우주에서 왔을 가능성이 있다고 말하는데 어떻게 생각해요?

507. 如果你和朋友约会，你迟到了，你会怎么办?

Rúguǒ nǐ hé péngyǒu yuēhuì, nǐ chídàole, nǐ huì zěnme bàn?

친구와 약속하다가 지각하면 어떻게 해요?

508. 你认为今后改变人类的科技有什么？请举例说明。

Nǐ rènwéi jīnhòu gǎibiàn rénlèi de kējì yǒu shén me? Qǐng jǔlì shuōmíng.

앞으로 인간 사회를 변화시킬 기술이 무엇이 있다고 생각해요? 예를 들면서 설명해 보세요.

509. 请说一下旅游的好处和坏处。

Qǐng shuō yíxià lǚyóu de hǎochù hé huàichù.

여행의 좋은 점과 나쁜 점에 대해 말해 보세요.

510. 智能手机如何改变了你的生活？

Zhìnéng shǒujī rúhé gǎibiànle nǐ de shēnghuó?

스마트폰이 당신의 생활을 어떻게 바꿨어요?

511. 最近很多人每天工作时必须喝咖啡，没有咖啡就不能集中工作，你怎么看待这个现象?

Zuìjìn hěnduō rén měitiān gōngzuò shí bìxū hē kāfēi, méiyǒu kāfēi jiù bùnéng jízhōng gōngzuò, nǐ zěnme kàndài zhège xiànxiàng?

요즘 많은 사람들은 매일 일할 때 반드시 커피를 마셔야 한다. 커피가 없으면 집중할 수 없을 정도이다. 이런 현상을 어떻게 생각해요?

512. 电子书和纸质书，你喜欢哪一种? 为什么?

Diànzǐ shū hé zhǐ zhì shū, nǐ xǐhuān nǎ yì zhǒng? Wèishénme?

전자책과 종이책 중에서 어떤 것을 좋아하세요? 왜요?

513. 请说一下用手机的好处和坏处。

Qǐng shuō yíxià yòng shǒujī de hǎochù hé huàichù.

핸드폰을 사용할 때의 장점과 단점을 말해 보세요.

514. 你对现在的智能手机满意吗？谈一下你对未来智能手机的期待。

Nǐ duì xiànzài de zhìnéng shǒujī mǎnyì ma? Tán yíxià nǐ duì wèilái zhìnéng shǒujī de qī dài.

지금 쓰고 있는 스마트폰에 대해 만족해요? 미래 스마트폰에 대한 기대를 말해 보세요.

515. 最近感冒的人越来越多，你觉得预防感冒的最好方法是什么？

Zuìjìn gǎnmào de rén yuè lái yuè duō, nǐ juéde yùfáng gǎnmào de zuì hǎo fāngfǎ shì shénme?

최근에 감기에 걸린 사람들이 갈수록 많아지고 있다. 감기를 예방하는 가장 좋은 방법이 무엇이라고 생각해요?

516. 你觉得预防流行病的方法是什么？

Nǐ juéde yùfáng liúxíng bìng de fāngfǎ shì shénme?

유행병을 예방하는 방법이 무엇이라고 생각해요?

517. 每个人对成功都有自己的看法，请谈一下你的看法。

Měi gèrén duì chénggōng dōu yǒu zìjǐ de kànfǎ, qǐng tán yíxià nǐ de kànfǎ.

사람마다 성공에 대하여 자기의 견해를 가지고 있는데 당신의 견해를 말해 보세요.

518. 你觉得你生活的这个社会贫富差距大吗？你觉得原因是什么？

Nǐ juéde nǐ shēnghuó de zhège shèhuì pín fù chājù dà ma? Nǐ juéde yuányīn shì shénme?

당신이 사는 사회의 빈부 격차가 크다고 생각해요? 그 이유가 무엇이라고 생각해요?

519. 如果你是总统，你会怎么样保证社会公平正义？

Rúguǒ nǐ shì zǒngtǒng, nǐ huì zěnme yàng bǎozhèng shèhuì gōngpíng zhèng yì?

당신이 대통령이라면 어떻게 사회의 공평과 정의를 실현하겠어요?

520. 你认为现在的社会公平吗？1-5 分，你打几分？

Nǐ rènwéi xiànzài de shèhuì gōngpíng ma? 1-5 Fēn, nǐ dǎ jǐ fēn?

지금의 사회는 공평하다고 생각해요? 1~5 점이면 몇 점을 줘요?

521. 人们常说："活到老，学到老"，你怎么看待这句话？

Rénmen cháng shuō:"Huó dào lǎo, xué dào lǎo", nǐ zěnme kàndài zhè jù huà?

사람들은 늘 "늙을 때까지 배우다."고 하는데 당신은 이 말을 어떻게 생각해요?

522. 人们常说:"不怕慢，就怕站"，你怎么看待这句话?

Rénmen cháng shuō:"Bùpà màn, jiù pà zhàn", nǐ zěnme kàndài zhè jù huà?

사람들은 늘 "느린 것이 두렵지 않고 멈춰 서 있는 것이 두렵다."고 하는데 당신은 이 말을 어떻게 생각해요?

523. 你怎么看待成功是 99%的汗水加 1%的灵感这句话?

Nǐ zěnme kàndài chénggōng shì 99%de hànshuǐ jiā 1%de línggǎn zhè jù huà?

성공이 99%의 땀과 1%의 영감이라고 말하는 것에 대해 어떻게 생각해요?

524. 你对跨国婚姻怎么看？你周围有朋友是跨国婚姻吗？

Nǐ duì kuàguó hūnyīn zěnme kàn? Nǐ zhōuwéi yǒu péngyǒu shì kuàguó hūnyīn ma?

국제결혼에 대해 어떻게 생각해요? 주위에 국제결혼을 한 친구가 있어요?

525. 你认为你的国家存在的最大的教育问题是什么？

Nǐ rènwéi nǐ de guójiā cúnzài de zuìdà de jiàoyù wèntí shì shénme?

당신 나라에 존재하는 가장 큰 교육 문제가 무엇이라고 생각해요?

526. 你希望未来你的孩子在什么样的学校里上学？

Nǐ xīwàng wèilái nǐ de háizi zài shénme yàng de xuéxiào lǐ shàngxué?

당신의 아이가 나중에 어떤 학교에서 공부했으면 좋겠어요?

梦想中国语 会话

527. 如果你是男生，就要结婚了，但是你的丈母娘说如果没有房子，就不允许女儿嫁给你，你会怎么办？

Rúguǒ nǐ shì nánshēng, jiù yào jiéhūnle, dànshì nǐ de zhàngmǔniáng shuō rúguǒ méiyǒu fángzi, jiù bù yǔnxǔ nǚ'ér jià gěi nǐ, nǐ huì zěnme bàn?

당신이 결혼할 계획을 잡고 있는 남자다. 장모님이 집이 없으면 딸을 보내 줄 수 없다고 했다. 당신은 어떻게 해결하겠어요?

528. 你的朋友失恋了，请你用中文劝劝他，让他不要太难过。

Nǐ de péngyǒu shīliànle, qǐng nǐ yòng zhōngwén quàn quàn tā, ràng tā bùyào tài nánguò.

당신의 친구가 실연 당했다. 중국어로 그에게 너무 괴로워하지 말라고 설득해 보세요.

529. 今天是冬至，但是你办公室的空调坏了，不出暖风，请打电话联系空调生产商，让他们尽快来维修。

Jīntiān shì dōngzhì, dànshì nǐ bàngōngshì de kōngtiáo huàile, bù chū nuǎn fēng, qǐng dǎ diànhuà liánxì kōngtiáo shēngchǎn shāng, ràng tāmen jǐnkuài lái wéixiū.

오늘은 동지인데 당신 사무실의 냉난방 에어컨이 고장나서 난방이 안 된다. 에어컨 생산 업체에 전화해서 빨리 와서 수리하라고 하세요.

530. 你无意间发现对面的小区着火了，现在请你打火警电话说明情况。

Nǐ wúyì jiān fāxiàn duìmiàn de xiǎoqū zháohuǒle, xiànzài qǐng nǐ dǎhuǒjǐng diànhuà shuōmíng qíngkuàng.

당신이 무심코 맞은편 아파트 단지에 불이 난 것을 발견했다. 지금 화재 신고 전화를 걸어서 현재의 상황을 설명해 보세요.

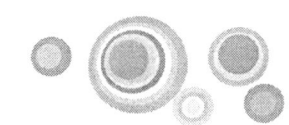

531. 有人说"人之初，性本善"，但也有人说"人之初，性本恶"，你怎么看？

Yǒurén shuō "rén zhī chū, xìng běnshàn", dàn yěyǒu rén shuō "rén zhī chū, xìng běn è", nǐ zěnme kàn?

어떤 사람은 '인간은 본래 선하다'고 말하고 또 어떤 사람은 '인간은 본래 악하다'고 말하는데 당신은 어떻게 생각해요?

532. 谈一下你对人性的弱点的看法。

Tán yíxià nǐ duì rénxìng de ruòdiǎn de kànfǎ.

인성의 약점에 대한 당신의 견해를 말해 보세요.

533. 谈一下你对人性的优点的看法。

Tán yíxià nǐ duì rénxìng de yōudiǎn de kànfǎ.

인성의 장점에 대한 당신의 견해를 말해 보세요.

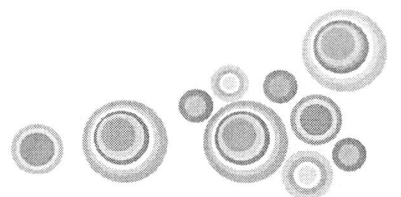

534. 讲一个你们国家特有的神话故事。

Jiǎng yígè nǐmen guójiā tèyǒu de shénhuà gùshì.

당신 나라의 특유한 신화 이야기를 말해 보세요.

535. 讲一个你了解的中国神话故事。

Jiǎng yígè nǐ liǎojiě de zhōngguó shénhuà gùshì.

당신이 알고 있는 중국 신화 이야기 하나를 말해 보세요.

536. 你怎么看待"条条大路通罗马"这句话?

Nǐ zěnme kàndài "tiáo tiáo dàlù tōng luómǎ" zhè jù huà?

'모든 길은 로마로 통한다'는 말을 어떻게 생각해요?

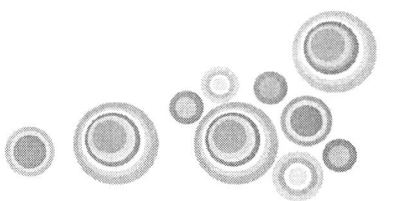

537. 你怎么看待"塞翁失马，焉知非福"这句话？

Nǐ zěnme kàndài "sài wēng shī mǎ, yān zhī fēi fú" zhè jù huà?

"새옹지마. 복인지 아닌지 어찌 알겠냐"는 말을 당신은 어떻게 생각해요?

538. 讲一下"叶公好龙"这个故事，谈一下你周围有没有叶公这种人。

Jiǎng yíxià "yègōnghàolóng" zhège gùshì, tán yíxià nǐ zhōuwéi yǒu méiyǒu yè gōng zhè zhǒng rén.

"엽공이 용을 좋아한다."는 이야기를 말해 보고 당신의 주위에 엽공 같은 사람이 있는지를 말해 보세요.

539. 讲一下"画蛇添足"这个故事，谈一下你周围有没有这种人或者事。

Jiǎng yíxià "huàshétiānzú" zhège gùshì, tán yíxià nǐ zhōuwéi yǒu méiyǒu zhè zhǒng rén huòzhě shì.

"사족을 가하다"는 이야기를 말해 보고 당신의 주변에 이런 사람이나 일이 있는지 말해 보세요.

540. 你周围有"杞人忧天"的人吗?

Nǐ zhōuwéi yǒu "qǐrényōutiān" de rén ma?

당신의 주변에 '기인우천' 하는 사람이 있어요?

541. "塞翁失马,焉知非福",谈一下你对这句话的理解。

"Sài wēng shī mǎ, yān zhī fēi fú", tán yíxià nǐ duì zhè jù huà de lǐjiě.

"새옹지마. 복인지 아닌지 어찌 알겠다" 이 말에 대한 당신의 생각을 말해 보세요.

542. 你现在能想起哪一句中国诗?谈一下你对中国诗歌的看法。

Nǐ xiànzài néng xiǎngqǐ nǎ yí jù zhōngguó shī? Tán yíxià nǐ duì zhōngguó shīgē de kànfǎ.

지금 생각나는 중국시 있어요? 당신의 중국 시가에 대한 견해를 말해 보세요.

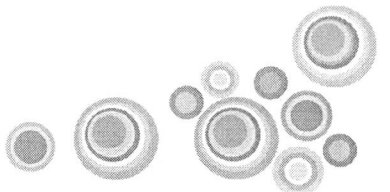

543. 请介绍一次你和朋友打架的经历。你是怎么处理的？

Qǐng jièshào yícì nǐ hé péngyǒu dǎjià de jīnglì. Nǐ shì zěnme chǔlǐ de?

친구와 싸운 경험을 얘기해 보세요. 당신은 어떻게 처리했어요?

544. 中国人给你的印象是什么？

Zhōng guó rén gěi nǐ de yìnxiàng shì shénme?

중국 사람이 당신에게 준 인상은 무엇인가요?

545. 你觉得中国和韩国的文化有什么不同？

Nǐ juéde zhōngguó hé hánguó de wénhuà yǒu shén me bùtóng?

중국과 한국의 문화는 무엇이 달라요?

546. IQ 和 EQ 你觉得哪个更重要?

IQ hé EQ nǐ juéde nǎge gèng zhòngyào?

IQ 와 EQ 중에서 어느 것이 더 중요하다고 생각해요?

547. 请列举出 A4 纸的十大功能。

Qǐng lièjǔ chū A4 zhǐ de shí dà gōngnéng.

A4 용지의 10 가지 기능을 들어 보세요

548. 谈一下能改变人类社会的五大科技。

Tán yíxià néng gǎibiàn rénlèi shèhuì de wǔdà kējì.

인간 사회를 바꿀 5 개 기술에 대해 말해 보세요.

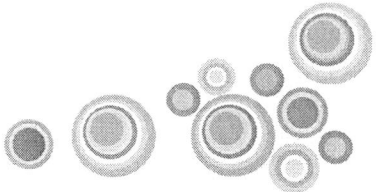

549. 如果你可以拥有一个机器人，你想拥有哪一种？为什么？

Rúguǒ nǐ kěyǐ yǒngyǒu yígè jīqìrén, nǐ xiǎng yǒngyǒu nǎ yì zhǒng? Wèishénme?

만약 로봇을 가질 수 있다면 어떤 로봇을 가지고 싶어요? 왜요?

550. 你如何看待智能机器人？

Nǐ rúhé kàndài zhìnéng jīqìrén?

스마트 로봇에 대해 어떻게 생각해요?

551. 如何应对机器人导致高失业率的问题？

Rúhé yìngduì jīqìrén dǎozhì gāo shīyè lǜ de wèntí?

로봇이 높은 실업률을 초래할 가능성이 있는데 이 문제를 어떻게 대처해야 해요?

552. 你如何看待大数据?

Nǐ rúhé kàndài dà shùjù?

빅 데이터에 대해 어떻게 생각해요?

553. 谈一下你对未来科技发展的期待。

Tán yíxià nǐ duì wèilái kējì fāzhǎn de qī dài.

미래의 과학 기술 발전에 대한 당신의 기대에 대해 말해 보세요.

554. 你认为将来改变人类社会的最大的科技是哪一种？为什么？

Nǐ rènwéi jiānglái gǎibiàn rénlèi shèhuì de zuìdà de kējì shì nǎ yì zhǒng? Wèishénme?

미래 인류 사회를 가장 크게 바꿀 수 있는 기술은 어떤 것이라고 생각해요? 왜요?

555. 你如何看待3D打印？

Nǐ rúhé kàndài 3D dǎyìn?

3D 프린트에 대해 어떻게 생각해요?

556. 你如何看待共享经济？

Nǐ rúhé kàndài gòngxiǎng jīngjì?

공유 경제에 대해 어떻게 생각해요?

557. 请以"我和诺贝尔奖"的距离为题发表一段2分钟的演讲。

Qǐng yǐ "wǒ hé nuò bèi'ěr jiǎng" de jùlí wèi tí fābiǎo yí duàn 2 fēnzhōng de yǎnjiǎng.

'나와 노벨상의 거리'란 제목으로 2분 동안 강연해 보세요.

558. 谈谈你对中国改革开放的看法。

Tán tán nǐ duì zhōngguó gǎigé kāifàng de kànfǎ.

중국의 개혁 개방에 대한 당신의 생각을 말해 보세요.

559. 近半年内你了解的五个实事问题，并详细谈一下。

Jìn bànnián nèi nǐ liǎojiě de wǔ gè shíshì wèntí, bìng xiángxì tán yíxià.

최근 반년 동안에 당신이 알고 있는 5가지 뉴스 이슈를 구체적으로 말해 보세요.

560. 去年世界上发生了哪些大事？列举三个。

Qùnián shìjiè shàng fāshēngle nǎxiē dàshì? Lièjǔ sān gè.

작년에 세계적으로 어떤 큰 일이 일어났어요? 세 가지를 열거해 주세요.

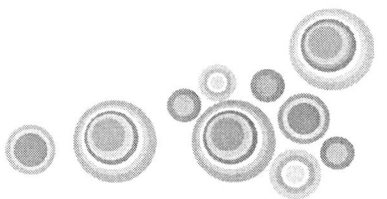

561. 请谈一下中国和韩国社会制度的不同点。

Qǐng tán yíxià zhōngguó hé hánguó shèhuì zhìdù de bùtóng diǎn.

중국과 한국 사회의 제도 차이에 대해 말해 보세요.

562. 最近雾霾很严重，如果你是环保局局长，你会出台什么样的政策？

Zuìjìn wù mái hěn yánzhòng, rúguǒ nǐ shì huánbǎo jú júzhǎng, nǐ huì chūtái shénme yàng de zhèngcè?

최근에 황사가 매우 심한데 당신이 환경청 청장이라면 어떤 정책을 내놓겠어요?

563. 你认为如何治理大气污染问题？

Nǐ rènwéi rúhé zhìlǐ dàqì wūrǎn wèntí?

대기 오염에 대해 어떻게 다스려야 한다고 생각해요?

564. 如果你现在正在竞选国际部学生会主席，请准备竞选演讲稿。

Rúguǒ nǐ xiànzài zhèngzài jìngxuǎn guójì bù xuéshēnghuì zhǔxí, qǐng zhǔnbèi jìngxuǎn yǎnjiǎng gǎo.

당신이 국제부 학생회 회장 선거에 출마한다면 선거 연설 원고를 준비해 보세요.

565. 如何解决大学生毕业即失业的问题?

Rúhé jiějué dàxuéshēng bìyè jí shīyè de wèntí?

"대학생이 졸업이 곧 실직"이란 문제를 어떻게 해결해야 한다고 생각해요?

566. 你如何看待中美贸易战?

Nǐ rúhé kàndài zhōng měi màoyì zhàn?

당신은 중국과 미국의 무역전에 대해 어떻게 생각해요?

567. 请你选择一个社会热点并点评一番。

Qǐng nǐ xuǎnzé yígè shèhuì rèdiǎn bìng diǎnpíng yì fān.

사회 이슈를 한 개 선택하여 평가해 보세요.

568. 如果你见到联合国秘书长，你最想问他什么问题？对此你有什么意见和建议？

Rúguǒ nǐ jiàn dào liánhéguó mìshū zhǎng, nǐ zuì xiǎng wèn tā shénme wèntí? Duì cǐ nǐ yǒu shén me yìjiàn hé jiànyì?

유엔 사무총장을 만나면 그에게 어떤 질문을 하고 싶어요? 이에 대해 어떤 의견과 제안이 있어요?

569. 你认同"道德是科学的指明灯"这一观点吗？还是认为道德束缚了科学的发展？

Nǐ rèntóng "dàodé shì kēxué de zhǐmíng dēng" zhè yī guāndiǎn ma? Háishì rènwéi dàodé shùfùle kēxué de fā zhǎn?

당신은 "도덕은 과학의 등대"라는 관점에 동의해요? 아니면 도덕은 과학의 발전을 구속했다고 생각해요?

570. 你如何判断一个国家的文明程度？

Nǐ rúhé pànduàn yígè guójiā de wénmíng chéngdù?

한 나라의 문명 정도를 어떻게 판단해요?

571. 你认为迷信和科学是对立的事物吗？

Nǐ rènwéi míxìn hé kēxué shì duìlì de shìwù ma?

당신은 미신과 과학을 대립되는 사물로 생각해요?

572. 有人认为中医药学是伪科学，对此你有什么看法？

Yǒurén rènwéi zhōngyī yàoxué shì wěi kēxué, duì cǐ nǐ yǒu shén me kànfǎ?

어떤 사람은 한의학은 가짜 과학이라고 하는데 어떤 견해가 있어요?

573. 如果你能见到中国国家主席，你想对他说什么？

Rúguǒ nǐ néng jiàn dào zhōngguó guójiā zhǔxí, nǐ xiǎng duì tā shuō shénme?

만약 당신이 중국 국가 주석을 만날 수 있다면 당신은 그에게 어떤 말을 하고 싶어요?

574. 北斗卫星把人变懒了，你怎么看？

Běidǒu wèixīng bǎ rén biàn lǎnle, nǐ zěnme kàn?

북두위성이 사람을 게으른 사람으로 만들었는데 당신은 어떻게 생각해요?

575. 大学应该无微不至地照顾学生,宽容对待他们的小错误还是应该训练学生适应社会?

Dàxué yīnggāi wúwēibùzhì de zhàogù xuéshēng, kuānróng duìdài tāmen de xiǎo cuòwù háishì yīnggāi xùnliàn xuéshēng shìyìng shèhuì?

대학은 학생들을 알뜰히 보살펴 주고 그들의 작은 잘못을 너그럽게 대해주어야 해요? 아니면 학생들을 사회에 적응하도록 훈련시켜야 해요?

576. 南京一个母亲盗窃超市为了给自己女儿过儿童节,警察赶到后宽大处理并帮助筹集善款,你怎么看?这反映了什么社会问题?

Nánjīng yígè mǔqīn dàoqiè chāoshì wèile gěi zìjǐ nǚ'érguò ér tóng jié, jǐngchá gǎn dào hòu kuāndà chǔlǐ bìng bāngzhù chóují shàn kuǎn, nǐ zěnme kàn? Zhè fǎnyìngle shénme shèhuì wèntí?

난징의 한 어머니가 자기의 딸에게 어린이날을 보내 주려고 슈퍼마켓에서 도둑질을 했다. 경찰이 이 경위를 안 후 관대하게 처리하고 또한 성금을 모아 도움을 줬다. 이 일에 대해 어떻게 생각해요? 이것은 어떤 사회 문제를 반영했어요?

577. 你对中国人口问题怎么看？

Nǐ duì zhōngguó de rénkǒu wèntí zěnme kàn?

중국의 인구 문제에 대해 어떻게 생각해요?

578. 你对中国梦怎么理解？

Nǐ duì zhōngguó mèng zěnme lǐjiě?

중국의 꿈에 대한 당신의 이해를 얘기해 보세요.

579. 你怎么看待中国的二孩政策？

Nǐ zěnme kàndài zhōngguó de èr hái zhèngcè?

당신은 중국의 "두 자녀" 정책에 대해 어떻게 생각해요?

580. 最近很多人尤其是学生游戏中毒，你如何看待这种现象？

Zuìjìn hěnduō rén yóuqí shì xuéshēng yóuxì zhòngdú, nǐ rúhé kàndài zhè zhǒng xiànxiàng?

요즘 많은 사람들, 특히 학생들이 게임 중독되는 형상이 많아지는 데 어떻게 생각해요?

581. 如果你是广电总局局长，你认为如何处理学生游戏中毒这个现象？

Rúguǒ nǐ shì guǎngdiàn zǒngjú júzhǎng, nǐ rènwéi rúhé chǔlǐ xuéshēng yóuxì zhòngdú zhège xiànxiàng?

당신이 만약 광전총국 국장이라면 학생들의 게임 중독 현상을 어떻게 처리해야 해요?

582. 你认为当大法官需要什么样的素质？

Nǐ rènwéi dāng dà fǎguān xūyào shénme yàng de sùzhì?

대법관이 되려면 어떤 자질이 필요해요?

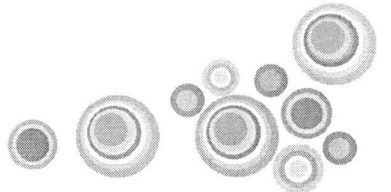

梦想中国语 会话

583. 韩国是一个开放的国家吗？你如何看待韩国的开放政策？

Hánguó shì yígè kāifàng de guójiā ma? Nǐ rúhé kàndài hánguó de kāifàng zhèngcè?

한국은 개방한 나라예요? 한국의 개방 정책에 대한 당신의 생각을 얘기해 보세요.

584. 请用一个成语/单词形容当前世界的经济状况。

Qǐng yòng yígè chéngyǔ/dāncí xíngróng dāngqián shìjiè de jīngjì zhuàngkuàng.

한 개의 성어/단어로 현 세계의 경제 상황을 묘사해 보세요.

585. 若世界上没有语言，会怎么样？

Ruò shìjiè shàng méiyǒu yǔyán, huì zěnme yàng?

세계에서 언어가 없다면 어떻게 될까요?

586. 你最喜欢的经济学家是谁？请介绍一下。

Nǐ zuì xǐhuān de jīngjì xué jiā shì shéi? Qǐng jièshào yíxià.

당신이 가장 좋아하는 경제 학자는 누구예요? 소개해 보세요.

587. 如果电能取之不尽，用之不竭，你的生活将有什么改变？

Rúguǒ diànnéng qǔ zhī bù jìn, yòng zhī bù jié, nǐ de shēnghuó jiāng yǒu shén me gǎibiàn?

만약에 전력이 아무리 써도 고갈되지 않는다면 당신의 생활은 어떻게 변화될까요?

588. 如何看待特朗普的"美国优先"政策？

Rúhé kàndài tè lǎng pǔ de "měiguó yōuxiān" zhèngcè?

트럼프의 '미국 우선' 정책에 대해 어떻게 생각해요?

589. 你的孩子晚上经常看手机，不睡觉，如果你是父母，请批评和劝告他。

Nǐ de háizi wǎnshàng jīngcháng kàn shǒujī, bù shuìjiào, rúguǒ nǐ shì fùmǔ, qǐng pīpíng hé quàngào tā.

당신의 아이는 밤에 늘 휴대폰을 보고 안 자요. 부모로써 혼해고 권해 보세요.

590. 韩国年轻人找工作时，最重要的考虑因素是什么？

Hánguó niánqīng rén zhǎo gōngzuò shí, zuì zhòngyào de kǎolǜ yīnsù shì shénme?

한국 젊은이들이 직장을 구할 때 가장 중요한 고려 요소는 무엇인가요?

591. 公务员和公司职员，韩国年轻人更喜欢哪一种？你呢？

Gōngwùyuán hé gōngsī zhíyuán, hánguó niánqīng rén gèng xǐhuān nǎ yì zhǒng? Nǐ ne?

공무원과 회사원에서 한국 젊은이들은 어떤 것을 더 좋아하세요? 당신은요?

592. 你在学习生活中最有成就感的事情是什么?

   Nǐ zài xuéxí shēnghuó zhōng zuì yǒu chéngjiù gǎn de shìqíng shì shénme?

   학습 생활에서 가장 성취감을 가지는 일이 무엇인가요?

593. 你觉得人类理想社会是什么样子?

   Nǐ juéde rénlèi lǐxiǎng shèhuì shì shénme yàngzi?

   인류의 이상적 사회는 어떤 모양이라고 생각해요?

594. 谈谈你对精英的理解。什么人可以称得上是精英?

   Tán tán nǐ duì jīngyīng de lǐjiě. Shénme rén kěyǐ chēng dé shàng shì jīngyīng?

   당신의 엘리트에 대한 이해를 말해 보세요. 어떤 사람이 엘리트라고 할 수 있어요?

595. 父亲和母亲哪一个对你影响比较大？为什么？

Fùqīn hé mǔqīn nǎ yígè duì nǐ yǐngxiǎng bǐjiào dà? Wèishénme?

아버지와 어머니중 누가 당신에게 비교적 큰 영향을 줬어요? 왜요?

596. 输得起和必定赢哪个更重要？谈一下你的看法。

Shū dé qǐ hé bìdìng yíng nǎge gèng zhòngyào? Tán yíxià nǐ de kànfǎ.

'져도 여유가 있다'와 '반드시 이겨야 한다', 둘 중에서 어느 것이 더 중요해요?

당신의 견해를 말해 보세요.

597. 如果可以移民火星，你去火星后想做的第一件事情是什么？

Rúguǒ kěyǐ yímín huǒxīng, nǐ qù huǒxīng hòu xiǎng zuò de dì yī jiàn shìqíng shì shénme?

만약 화성으로 이주할 수 있다면 화성에 가서 제일 먼저 하고 싶은 것이 무엇인가요?

598. 请讲一下嫦娥奔月的故事。

Qǐng jiǎng yíxià cháng'é bēn yuè de gùshì.

상아가 달로 도망친 중국 이야기를 말해 보세요.

599. 你认为样貌在工作中能占多大比重？为什么？

Nǐ rènwéi yàngmào zài gōngzuò zhōng néng zhàn duōdà bǐzhòng? Wèishénme?

외모가 직장에서 어느 정도의 비중을 차지한다고 생각해요? 왜요?

600. 名牌大学的入学通知书和一套市中心的100平方米的房子,你会选择哪个？

Míngpái dàxué de rùxué tōngzhī shū hé yī tào shì zhōngxīn de 100 píngfāng mǐ de fángzi, nǐ huì xuǎnzé nǎge?

'명문대의 입학 통지서와 시내의 100m²의 집'에서 고르라면 어느 것을 선택하겠어요?

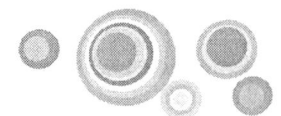

대화 주제 601-700

601. 如果让你去一个无人小岛生活一个月,只能带三件东西,你会带什么?

Rúguǒ ràng nǐ qù yígè wú rén xiǎo dǎo shēnghuó yígè yuè, zhǐ néng dài sān jiàn dōngxī, nǐ huì dài shénme?

당신을 한 달 동안 무인섬에 가서 살아야 한다. 세 가지 물건만 가지고 갈 수 있다면,

당신은 무엇을 가지고 갈 거에요?

602. 你的多年不见的同学联系你,想借三万块钱急用,你会怎么处理?

Nǐ de duōnián bùjiàn de tóngxué liánxì nǐ, xiǎng jiè sān wàn kuài qián jíyòng, nǐ huì zěnme chǔlǐ?

못 본 지 오래된 동창이 갑자기 연락을 왔다. 급전 필요해서 3만 위안을 빌려 달라고

했다. 당신 어떻게 하겠어요?

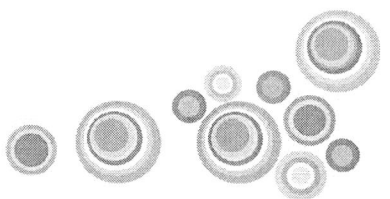

603. 什么因素会让你决定结婚？你又是如何确定人选和时机的？

Shénme yīnsù huì ràng nǐ juédìng jiéhūn? Nǐ yòu shì rúhé quèdìng rénxuǎn hé shíjī de?

어떤 요소때문에 당신은 결혼 결정했어요? 결혼 상대와 타이밍을 어떻게 정했어요?

604. 你认为夫妻双方应该财政独立吗？或者谁来掌握经济大权？

Nǐ rènwéi fūqī shuāngfāng yīnggāi cáizhèng dúlì ma? Huòzhě shéi lái zhǎngwò jīngjì dàquán?

부부 쌍방은 재정상 서로 독립해야 한다고 생각해요? 경제권을 누가 장악해야 해요?

605. 你认为自身该在孩子的教育中扮演怎样的角色？

Nǐ rènwéi zìshēn gāi zài háizi de jiàoyù zhōng bànyǎn zěnyàng de juésè?

당신은 아이의 교육에서 어떤 역할을 해야 한다고 생각해요?

606. 你亲友中谁最先过世？说说你那时的感受。

Nǐ qīnyǒu zhōng shéi zuì xiān guòshì? Shuō shuo nǐ nà shí de gǎnshòu.

친구 중 누가 제일 먼저 돌아갔어요? 그때 느낀 감정을 말해 보세요.

607. 你觉得死亡时会发生什么？

Nǐ juéde sǐwáng shí huì fāshēng shénme?

사망할 때 무슨 일이 일어난다고 생각해요?

608. 列举一下对健康有益的食物。

Lièjǔ yíxià duì jiànkāng yǒuyì de shíwù.

건강에 좋은 음식들을 열거해 보세요.

609. 你认为人在哪一岁开始衰老?

Nǐ rènwéi rén zài nǎ yī suì kāishǐ shuāilǎo?

사람은 어느 해부터 쇄로해지기 시작한다고 생각해요?

610. 请预测一下世界经济今后十年的发展方向。

Qǐng yùcè yíxià shìjiè jīngjì jīnhòu shí nián de fā zhǎn fāngxiàng.

세계 경제 향후 10년간의 발전 방향을 예측해 보세요.

611. 你们国家一般多大年龄退休? 你认为退休后有多少钱才能生存?

Nǐmen guójiā yì bān duōdà niánlíng tuìxiū? Nǐ rènwéi tuìxiū hòu yǒu duōshǎo qián cáinéng shēngcún?

당신의 나라에는 보통 몇 살에 퇴직해요? 퇴직 후 돈이 얼마 있어야 충분하다고 생각해요?

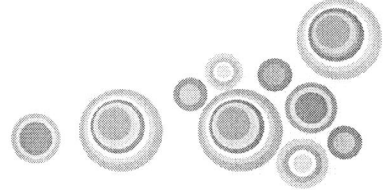

612. 谈一下你们国家的老龄化问题，并提出你的解决方案。

Tán yíxià nǐmen guójiā de lǎolíng huà wèntí, bìng tíchū nǐ de jiějué fāng'àn.

당신 나라의 노령화 문제에 대하여 이야기해 보고 당신의 해결책을 제시해 보세요.

613. 你最喜欢的韩国总统是谁？为什么？

Nǐ zuì xǐhuān de hánguó zǒngtǒng shì shéi? Wèishénme?

당신이 가장 좋아하는 한국 대통령은 누구예요? 왜요?

614. 你最喜欢的企业家是谁？为什么？

Nǐ zuì xǐhuān de qǐyè jiā shì shéi? Wèishénme?

당신이 가장 좋아하는 사업가는 누구예요? 왜요?

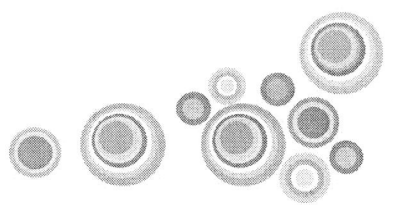

615. 你最喜欢的科学家是谁？为什么？

Nǐ zuì xǐhuān de kēxuéjiā shì shéi? Wèishénme?

당신이 가장 좋아하는 과학자는 누구예요? 왜요?

616. 你最喜欢的哲学家是谁？为什么？

Nǐ zuì xǐhuān de zhéxué jiā shì shéi? Wèishénme?

당신이 좋아하는 철학가는 누구예요? 왜요?

617. 在你的眼中，全世界最伟大的人是谁？

Zài nǐ de yǎnzhōng, quán shìjiè zuì wěidà de rén shì shéi?

당신의 눈에 전 세계에서 가장 위대한 사람은 누구예요?

618. 你最喜欢的作家是谁?

Nǐ zuì xǐhuān de zuòjiā shì shéi?

당신이 가장 좋아하는 작가는 누구예요?

619. 你最喜欢的艺术家是谁?

Nǐ zuì xǐhuān de yìshùjiā shì shéi?

당신이 가장 좋아하는 예술가는 누구예요?

620. 你最喜欢的歌手是谁?

Nǐ zuì xǐhuān de gēshǒu shì shéi?

가장 좋아하는 가수는 누구예요?

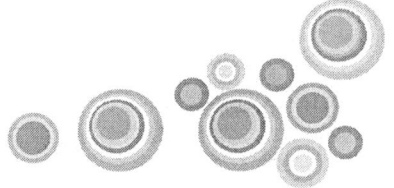

621. 对你个人而言，你最喜欢过哪个节日？为什么？

Duì nǐ gèrén ér yán, nǐ zuì xǐhuānguò nǎge jiérì? Wèishénme?

개인적으로 어느 명절을 가장 좋아하세요? 왜요?

622. 你最讨厌过哪个节日？为什么？

Nǐ zuì tǎoyànguò nǎge jiérì? Wèishénme?

어느 명절을 가장 싫어하세요? 왜요?

623. 你认为高房价对年轻人不结婚有影响吗？为什么？

Nǐ rènwéi gāo fángjià duì niánqīng rén bù jiéhūn yǒu yǐngxiǎng ma? Wèishénme?

높은 집값이 젊은이들에게 결혼을 하지 않는 것에 영향을 줬다고 생각해요? 왜요?

624. 高房价对经济的影响是好还是坏？你怎么看？

Gāo fángjià duì jīngjì de yǐngxiǎng shì hào hái shì huài? Nǐ zěnme kàn?

높은 주택 가격이 경제에 주는 영향은 좋아요?아니면 나빠요? 어떻게 생각해요?

625. 你怎么看待转基因食物？你支持转基因食物吗？

Nǐ zěnme kàndài zhuǎnjīyīn shíwù? Nǐ zhīchí zhuǎnjīyīn shíwù ma?

유전자 변형 음식에 대해 어떻게 생각해요? 유전자 변형 음식을 지지해요?

626. 你怎么看待克隆技术？

Nǐ zěnme kàndài kèlóng jìshù?

클론 기술에 대해 어떻게 생각해요?

627. 你认为时代创造了伟人，还是伟人创造了时代？

Nǐ rènwéi shídài chuàngzàole wěirén, háishì wěirén chuàngzàole shídài?

시대가 위인을 만들었어요? 아니면 위인이 시대를 만들었다고 생각해요?

628. 你最喜欢的一个中国名人是谁？

Nǐ zuì xǐhuān de yígè zhōngguó míngrén shì shéi?

당신이 가장 좋아하는 중국 명인은 누구예요?

629. 最近很多快递员过劳死，你认为如何解决这个社会问题？

Zuìjìn hěnduō kuàidì yuánguò láo sǐ, nǐ rènwéi rúhé jiějué zhège shèhuì wèntí?

요즘 많은 택배 종사가자 과로사했다. 이런 사회 문제를 어떻게 해결해야 한다고 생각해요?

630. 你认为国家应该如何帮助弱势群体?

Nǐ rènwéi guójiā yīnggāi rúhé bāngzhù ruòshì qúntǐ?

국가가 약자를 어떻게 도와야 한다고 생각해요?

631. 你认为为什么世界近年来自然灾害频发?

Nǐ rènwéi Wèishénme shìjiè jìnnián lái zìrán zāihài pín fā?

무엇 때문에 최근 세계에는 자연 재해가 자주 발생해요?

632. 你认为我们应该如何和地球相处?

Nǐ rènwéi wǒmen yīnggāi rúhé hé dìqiú xiāngchǔ?

당신은 우리가 어떻게 지구와 함께 지내야 한다고 생각해요?

633. 核电，煤电，太阳能发电，水电，你最支持哪一种？为什么？

Hédiàn, méi diàn, tàiyángnéng fādiàn, shuǐdiàn, nǐ zuì zhīchí nǎ yì zhǒng? Wèishénme?

원자력 발전, 석탄 발전, 태양열 발전, 수력 발전 중 어느 것을 제일 지지해요? 왜요?

634. 你对"虎妈"现象怎么看？你们国家存在虎妈现象吗？

Nǐ duì "hǔ mā" xiànxiàng zěnme kàn? Nǐmen guójiā cúnzài hǔ mā xiànxiàng ma?

"호랑이 엄마" 현상을 어떻게 생각해요? 당신 나라에 호랑이 엄마 현상이 있어요?

635. 如果你在济州岛拥有一大块地，你会用来做什么？

Rúguǒ nǐ zài jìzhōu dǎo yǒngyǒu yí dà kuài dì, nǐ huì yòng lái zuò shénme?

당신이 제주도에서 큰 땅을 갖고 있다면 무엇으로 하겠어요?

636. 韩国人，中国人，日本人在一起，你能一眼看出他们是哪国人吗？

Hánguórén, zhōngguó rén, rìběn rén zài yì qǐ, nǐ néng yì yǎn kàn chū tāmen shì nǎ guó rén ma?

한국인, 중국인, 일본인이 함께 있으면 어느 나라 사람인지 한눈에 알아 보실 수 있어요?

637. 谈一下你对AI的看法。

Tán yíxià nǐ duì AI de kànfǎ.

AI에 대한 당신의 견해를 말해 보세요.

638. 谈一下你对大数据的看法。

Tán yíxià nǐ duì dà shùjù de kànfǎ.

빅 데이터에 대한 당신의 견해를 말해 보세요.

639. 孙悟空，猪八戒，沙僧，白龙马，这四个人必须裁掉一名，如果你是唐僧，你会裁掉谁？

Sūnwùkōng, zhūbājiè, shā sēng, bái lóngmǎ, zhè sì gèrén bìxū cái diào yī míng, rúguǒ nǐ shì tángsēng, nǐ huì cái diào shéi?

손오공, 저팔계, 사승, 백룡마, 이 네 사람은 반드시 한명을 해고해야 한다.

만약 당신이 당승이라면 누구를 잘릴 거에요?

640. 人们常说"人靠衣裳马靠鞍"，你怎么看待这句话？

Rénmen cháng shuō "rén kào yīshang mǎ kào ān", nǐ zěnme kàndài zhè jù huà?

사람들은 늘 "옷은 사람이 의지하고 말은 안장에 의지한다"고 하는데, 당신은 이 말을 어떻게 생각해요?

641. 请给你的中国朋友推荐一个韩国的著名旅游景点。

Qǐng gěi nǐ de zhōngguó péngyǒu tuījiàn yígè hánguó de zhùmíng lǚyóu jǐngdiǎn.

중국의 친구에게 한국의 유명한 관광지를 한 개 추천해 보세요.

642. 请给你的中国朋友介绍一下景福宫这个景点。

Qǐng gěi nǐ de zhōngguó péngyǒu jièshào yíxià jǐng fú gōng zhège jǐngdiǎn.

경복궁의 명소를 중국 친구에게 소개해 보세요.

643. 中国朋友来韩国旅游，你要请他吃饭，你会带他去哪里？为什么？

Zhōngguó péngyǒu lái hánguó lǚyóu, nǐ yào qǐng tā chīfàn, nǐ huì dài tā qù nǎlǐ? Wèishénme?

중국 친구가 한국으로 여행 올 때 그에게 밥을 사려고 하면 어디로 데려가겠어요? 왜요?

644. 请向一个中国朋友介绍一下你的国家。

Qǐng xiàng yígè zhōngguó péngyǒu jièshào yíxià nǐ de guójiā.

중국 친구에게 당신의 나라를 소개해 보세요.

645. 谈一下你们国家特有的一种文化。

Tán yíxià nǐmen guójiā tèyǒu de yì zhǒng wénhuà.

당신 나라의 특유한 문화에 대해 말해 보세요.

646. 介绍一个你们国家的传统节日。

Jièshào yígè nǐmen guójiā de chuántǒng jiérì.

당신 나라의 전통 명절을 하나 소개해 보세요.

647. 介绍一个你们国家的特色饮食。

Jièshào yígè nǐmen guójiā de tèsè yǐnshí.

당신 나라의 특색 있는 음식을 소개해 보세요.

648. 谈一下你们国家最大的节日和节日习俗。

Tán yíxià nǐmen guójiā zuìdà de jiérì hé jiérì xísú.

당신 나라의 최대의 명절과 명절 풍속에 대해 말해 보세요.

649. 你中国朋友打算十一国庆节期间来济州岛旅游,请给他一些建议。

Nǐ zhōngguó péngyǒu dǎsuàn shíyī guóqìng jié qíjiān lái jìzhōu dǎo lǚyóu, qǐng gěi tā yīxiē jiànyì.

당신의 중국 친구는 국경절 기간에 제주도로 여행을 갈 예정이니, 그에게 조언을 좀 해 보세요.

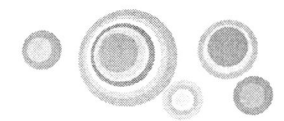

650. 你打算这次休假去中国北京旅游，请打电话向中国朋友咨询一些旅游问题。

Nǐ dǎsuàn zhè cì xiūjià qù zhōngguó běijīng lǚyóu, qǐng dǎ diànhuà xiàng zhōngguó péngyǒu zīxún yīxiē lǚyóu wèntí.

이번 휴가에 중국 북경으로 여행을 가려고 하는데 중국 친구한테 전화로 여행 문제에 대해 문의해 보세요.

651. 如果你有三天时间去北京旅游，你想去看什么？

Rúguǒ nǐ yǒu sān tiān shíjiān qù běijīng lǚyóu, nǐ xiǎng qù kàn shénme?

만약 3일 동안 북경으로 여행을 갈 시간이 있다면 당신은 무엇을 보러 가고 싶어요?

652. 如果你有7天时间去中国旅游，你想去哪里？

Rúguǒ nǐ yǒu 7 tiān shíjiān qù zhōngguó lǚyóu, nǐ xiǎng qù nǎlǐ?

만약 7일 동안 중국 여행을 한다면 어디에 가고 싶어요?

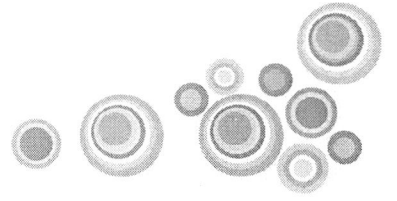

653. 韩国人吃饭时有什么讲究吗?

Hánguó rén chīfàn shí yǒu shén me jiǎng jiu ma?

한국 사람은 밥을 먹을 때 주의할 점이 있어요?

654. 中国人吃饭时有什么讲究吗?

Zhōngguó rén chīfàn shí yǒu shén me jiǎng jiu ma?

중국 사람은 밥을 먹을 때 어떤 것을 주의해야 해요?

655. 和韩国人第一次见面时, 有没有什么注意事项?

Hé hánguó rén dì yī cì jiànmiàn shí, yǒu méiyǒu shén me zhùyì shìxiàng?

한국인을 처음 만났을 때 주의 사항이 있어요?

656. 和中国人第一次见面时，有没有什么注意事项？

Hé zhōngguó rén dì yī cì jiànmiàn shí, yǒu méiyǒu shén me zhùyì shìxiàng?

중국 사람과 처음 만났을 때 주의할 점이 있어요?

657. 中国客户到你们公司访问，请你用中文接待他们。

Zhōngguó kèhù dào nǐmen gōngsī fǎngwèn, qǐng nǐ yòng zhōngwén jiēdài tāmen.

중국 고객님이 당신의 회사를 방문 왔다. 중국말로 그들을 접대해 보세요.

658. 最大的化妆品公司和最大的SNS公司，如果你可以拥有一家，你选哪家？

Zuìdà de huàzhuāngpǐn gōngsī hé zuìdà de SNS gōngsī, rúguǒ nǐ kěyǐ yǒngyǒu yījiā, nǐ xuǎn nǎ jiā?

가장 큰 화장품 회사와 가장 큰 SNS 회사 중 하나를 가질 수 있다면 어느 걸 고르겠어요?

659. 你认为什么是真正的"挫折教育"?

Nǐ rènwéi shénme shì zhēnzhèng de "cuòzhé jiàoyù"?

당신은 무엇이 진정한 "좌절 교육"이라고 생각해요?

660. 最近越来越多人得了抑郁症，你认为应该怎么预防和处理?

Zuìjìn yuè lái yuè duō rén dé le yìyù zhèng, nǐ rènwéi yīnggāi zěnme yùfáng hé chǔlǐ?

요즘 우울증에 걸리는 사람이 많은데, 어떻게 예방하고 대처해야 한다고 생각해요?

661. 新冠肺炎疫情之后，我们的生活发生了哪些变化?

Xīnguān fèiyán yìqíng zhīhòu, wǒmen de shēnghuó fāshēngle nǎxiē biànhuà?

코로나-19 발생 이후 우리의 생활이 어떻게 변화했어요?

662. 你认为新冠疫情对哪些行业的冲击最大？哪些行业反而受益了？

Nǐ rènwéi xīnguān yìqíng duì nǎxiē hángyè de chōngjí zuìdà? Nǎxiē hángyè fǎn'ér shòuyìle?

코로나19가 어떤 업종에 가장 큰 충격을 줬다고 생각해요? 어떤 업종이 오히려 이익을 봤어요?

663. 去年最大的经济新闻是什么？

Qùnián zuìdà de jīngjì xīnwén shì shénme?

지난 해 가장 큰 경제 뉴스는 무엇인가요?

664. 今年最大的政治新闻是什么？

Jīnnián zuìdà de zhèngzhì xīnwén shì shénme?

올해 가장 큰 정치 뉴스는 무엇인가요?

665. 你一般从电视还是手机，还是报纸上了解新闻？

Nǐ yìbān cóng diànshì háishì shǒujī, háishì bàozhǐ shàng liǎojiě xīnwén?

당신은 보통 TV에서 기사를 봐요? 아니면 스마트폰에서? 아니면 신문에서 뉴스를 봐요?

666. 有心理疾病的人越来越多，你认为应该怎么解决这个社会问题？

Yǒu xīnlǐ jíbìng de rén yuè lái yuè duō, nǐ rènwéi yīnggāi zěnme jiějué zhège shèhuì wèntí?

심리 질병을 앓고 있는 사람들이 갈수록 많아지는데 이런 사회 문제를 어떻게 해결해야 한다고 생각해요?

667. 你怎么看待抑郁症？

Nǐ zěnme kàndài yìyù zhèng?

우울증에 대해 어떻게 생각해요?

668. 报复社会的新闻越来越多，你认为原因是什么？该如何解决？

Bàofù shèhuì de xīnwén yuè lái yuè duō, nǐ rènwéi yuányīn shì shénme? Gāi rúhé jiějué?

사회에 보복하는 뉴스가 점점 많아지는 원인이 무엇이라고 생각해요? 어떻게 해결해요?

669. 你认为我们应该如何保持心理健康？

Nǐ rènwéi wǒmen yīnggāi rúhé bǎochí xīnlǐ jiànkāng?

당신은 우리가 어떻게 심리 건강을 유지해야 한다고 생각해요?

670. 你的公司下属犯了一个很大的错误，你会怎么处理？

Nǐ de gōngsī xiàshǔ fànle yígè hěn dà de cuòwù, nǐ huì zěnme chǔlǐ?

당신의 회사 부하가 큰 실수를 저질렀는데 당신은 어떻게 처리할까요?

671. 你认为合理避税和逃税是一回事吗?

Nǐ rènwéi hélǐ bìshuì hé táoshuì shì yī huí shì ma?

당신은 합리적 세금 회피와 탈세가 동일한 행위라고 생각해요?

672. 为什么人们说"我们一生无法避免的是死亡和税收"?

Wèishénme rénmen shuō "wǒmen yīshēng wúfǎ bìmiǎn de shì sǐwáng hé shuìshōu"?

왜 사람들은 "우리가 일생동안 피할 수 없는 것은 죽음과 세금이다."라고 해요?

673. 你认为机器人会威胁人类的工作吗?

Nǐ rènwéi jīqìrén huì wēixié rénlèi de gōngzuò ma?

당신은 로봇이 사람의 일자리를 위협할 것이라고 생각해요?

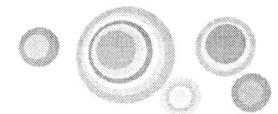

674. 你认为地球上生存着外星人吗?

Nǐ rènwéi dìqiú shàng shēngcúnzhe wài xīng rén ma?

지구에 외계인이 살고 있다고 생각해요?

675. 韩国流行一种된장녀, 된장남的词语, 指的是什么社会现象? 你怎么看?

Hánguó liúxíng yì zhǒng 된장녀, 된장남 de cíyǔ, zhǐ de shì shénme shèhuì xiànxiàng? Nǐ zěnme kàn?

한국에서 유행하는 된장녀, 된장남의 용어는 어떤 사회 현상인가요? 어떻게 생각해요?

676. 了解一下最近的"拼多多上海名媛"新闻, 谈一下你们国家有无这种情况。

Liǎo jiě yíxià zuìjìn de "pīn duōduō shànghǎi míngyuán" xīnwén, tán yíxià nǐmen guójiā yǒu wú zhè zhǒng qíngkuàng.

최근 '핀뚜어뚜어 상해 밍위엔'의 기사를 알아 보세요. 당신 나라에 이런 현상이 있는지 말해 보세요.

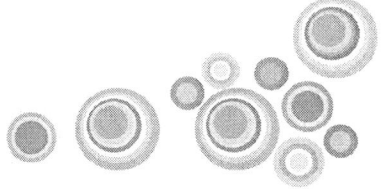

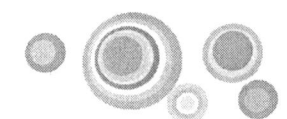

677. 如果地球以外都可以生存，你最想移民去哪个星球？为什么？

Rúguǒ dìqiú yǐwài dōu kěyǐ shēngcún, nǐ zuì xiǎng yímín qù nǎge xīngqiú? Wèishénme?

만약 지구밖에 모두 생존할 수 있다면 어느 별에 이민을 가고 싶어요? 왜요?

678. 谈一下你对第三次世界大战的看法。

Tán yíxià nǐ duì dì sān cì shìjiè dàzhàn de kànfǎ.

제3차 세계 대전에 대한 당신의 생각을 말해 보세요.

679. 谈一下你最喜欢的一部科幻电影。

Tán yíxià nǐ zuì xǐhuān de yí bù kēhuàn diànyǐng.

당신이 좋아하는 SF 시르즈 영화에 대해 말해 보세요.

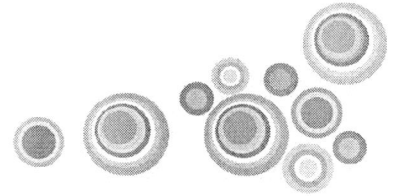

680. 有人认为做人应该"率性而为",但有人认为人应该"克己复礼",你怎么看?

Yǒurén rènwéi zuòrén yīnggāi "shuài xìng ér wéi", dàn yǒurén rènwéi rén yīnggāi "kèjǐ fù lǐ", nǐ zěnme kàn?

어떤 사람은 인간으로서 마땅히 "솔직하게 행동해야 한다."고 하지만 어떤 사람은 "극기복례 한다"고 생각해요. 당신은 어떻게 생각해요?

681. 贫穷是一种财富还是一种灾难?

Pínqióng shì yì zhǒng cáifù háishì yì zhǒng zāinàn?

가난함은 재부예요? 아니면 재난이에요?

682. 你认为"英雄造时势"还是"时势造英雄"?

Nǐ rènwéi "yīngxióng zào shíshì" háishì "shíshì zào yīngxióng"?

당신은 '영웅이 시세를 만든다'고 생각해요? 아니면 '시세가 영웅을 만든다'고 생각해요?

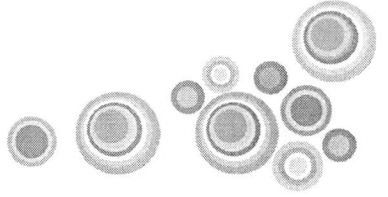

683. 你认为伯乐更重要,还是千里马更重要?

Nǐ rènwéi bólè gèng zhòngyào, háishì qiānlǐmǎ gèng zhòngyào?

당신은 백락이 더 중요하다고 생각해요? 아니면 천리마가 더 중요하다고 생각해요?

684. 你怎么看待"千里马常有,而伯乐不常有"这句话?

Nǐ zěnme kàndài "qiānlǐmǎ cháng yǒu, ér bólè bù cháng yǒu" zhè jù huà?

"천리마는 늘 있지만 백락은 늘 있지 않다."는 말을 당신은 어떻게 생각해요?

685. 你认为愚公移山里的愚公应该搬家吗?如果你是愚公,你会怎么做?

Nǐ rènwéi yúgōngyíshān lǐ de yú gōng yīnggāi bānjiā ma? Rúguǒ nǐ shì yú gōng, nǐ huì zěnme zuò?

'우공이 산을 옮긴다'의 이야기에서 우공이 이사를 해야 한다고 생각해요? 만약 당신이 우공이라면 어떻게 하겠어요?

686. 你认为节假日高速公路免费是好还是坏?

Nǐ rènwéi jiéjiàrì gāosù gōnglù miǎnfèi shì hǎo huán shì huài?

명절 때 고속도로 통행료 면제하는 것이 좋아요? 아니면 나빠요?

687. 你们国家男女平等吗? 为什么?

Nǐmen guójiā nánnǚ píngděng ma? Wèishénme?

당신 나라에서 남녀는 평등해요? 왜요?

688. 你认为你们国家何时能实现男女平等?

Nǐ rènwéi nǐmen guójiā hé shí néng shíxiàn nánnǚ píngděng?

언제면 당신 나라에서 남녀 평등이 실현될 수 있다고 생각해요?

689. "男怕入错行，女怕嫁错郎"，你怎么看待这句话？

"Nán pà rù cuò háng, nǚ pà jià cuò láng", nǐ zěnme kàndài zhè jù huà?

"남자는 직업을 잘 선택하는 것이, 여자는 결혼 대상을 잘 선택하는 것이 인생에서 중요하다", 당신은 이 말을 어떻게 생각해요?

690. 你认为医学发展应该设置伦理界限吗？

Nǐ rènwéi yīxué fāzhǎn yīnggāi shèzhì lúnlǐ jièxiàn ma?

의학 발전에 윤리적인 제한을 두어야 한다고 생각해요?

691. 人们常说"知识就是力量"，你怎么看待这句话？

Rénmen cháng shuō "zhīshì jiùshì lìliàng", nǐ zěnme kàndài zhè jù huà?

사람들은 흔히 지식은 힘이라고 하는데 당신은 이 말을 어떻게 생각해요?

692. 你认为"嫉妒"心理是生来就有的吗？

Nǐ rènwéi "jídù" xīnlǐ shì shēnglái jiù yǒu de ma?

질투는 선천적으로 타고난 것이라고 생각해요?

693. 谈一下"嫉妒"的好处和坏处。

Tán yíxià "jídù" de hǎochù hé huàichu.

질투의 좋은 점과 나쁜 점에 대해 말해 보세요.

694. 你认为逆境更能出人才，还是顺境更能出人才？

Nǐ rènwéi nìjìng gèng néng chū réncái, háishì shùnjìng gèng néng chū réncái?

역경 아니면 순경이 인재를 더 많이 배출할 수 다고 생각해요?

695. 很多学生和家长不喜欢高考，你认为高考应该废除吗？

Hěnduō xuéshēng hé jiāzhǎng bù xǐhuān gāokǎo, nǐ rènwéi gāokǎo yīnggāi fèichú ma?

많은 학생과 학부모들이 수능을 싫어하는데 수능을 폐지해야 한다고 생각해요?

696. 有人认为"网络经济是泡沫经济"，你怎么看？

Yǒurén rènwéi "wǎngluò jīngjì shì pàomò jīngjì", nǐ zěnme kàn?

어떤 사람은 '인터넷 경제는 거품 경제'라고 생각하는데 당신은 어떻게 생각해요?

697. 你对网络暴力这个现象怎么看？你认为该如何杜绝网络暴力？

Nǐ duì wǎngluò bàolì zhège xiànxiàng zěnme kàn? Nǐ rènwéi gāi rúhé dùjué wǎngluò bàolì?

당신은 사이버 폭력 현상에 대해 어떻게 생각해요? 당신은 어떻게 하면 사이버 폭력을 근절할 수 있다고 생각해요?

698. 校园暴力在你们国家严重吗？你认为校园暴力的原因是什么？

Xiàoyuán bàolì zài nǐmen guójiā yánzhòng ma? Nǐ rènwéi xiàoyuán bàolì de yuányīn shì shénme?

당신 나라에서는 학교 폭력이 심해요? 학교 폭력의 원인이 무엇이라고 생각해요?

699. 你认为应该如何预防校园暴力？

Nǐ rènwéi yīnggāi rúhé yùfáng xiàoyuán bàolì?

학교 폭력을 어떻게 예방해야 한다고 생각해요?

700. 你的孩子今天哭着回家说被同学打了，你会怎么做？

Nǐ de háizi jīntiān kūzhe huí jiā shuō bèi tóngxué dǎle, nǐ huì zěnme zuò?

당신의 아이가 오늘 울면서 집에 돌아왔다. 동창한테 맞았다고 했다. 당신은 어떻게 하겠어요?

대화 주제 701-800

701. 有个孩子总是欺负你家孩子，请找对方的家长谈一谈。

Yǒu gè háizi zǒng shì qīfù nǐ jiā háizi, qǐng zhǎo duìfāng de jiā zhǎng tán yī tán.

어떤 아이가 늘 당신 아이를 괴롭혀서 상대방 부모를 찾아 이야기를 좀 해 보세요.

702. 你的孩子总是欺负别人家孩子，请用中文教育一下他。

Nǐ de háizi zǒng shì qīfù biérén jiā háizi, qǐng yòng zhōngwén jiàoyù yíxià tā.

당신 아이가 늘 다른 사람의 아이를 괴롭혀서 중국말로 혼내 보세요.

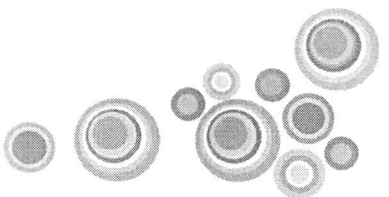

703. 你同意体罚孩子吗？结合经历谈一下你的想法。

Nǐ tóngyì tǐfá háizi ma? Jiéhé jīnglì tán yíxià nǐ de xiǎngfǎ.

당신은 아이를 체벌하는 데 동의해요? 당신의 경험과 같이 말해 보세요.

704. 如果孩子总是不听话，该怎么教育？

Rúguǒ háizi zǒng shì bù tīnghuà, gāi zěnme jiàoyù?

아이가 말을 잘 듣지 않을 경우 어떻게 교육해야 해요?

705. 你认为原生家庭对孩子的影响占多大比重？

Nǐ rènwéi yuánshēng jiātíng duì háizi de yǐngxiǎng zhàn duōdà bǐzhòng?

원생 가정이 아이들에게 미치는 영향이 어느 정도의 비중을 차지한다고 생각해요?

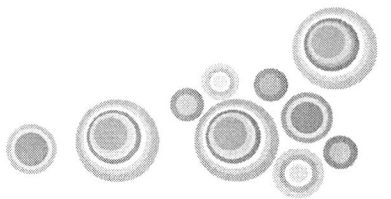

706. 有个人在地铁上没按规定戴口罩，请上前劝一下他。

Yǒu gèrén zài dìtiě shàng méi àn guīdìng dài kǒuzhào, qǐng shàng qián quàn yíxià tā.

지하철에서 규정에 따라 마스크를 쓰지 않은 사람이 있는데 가서 그를 좀 권해 보세요.

707. 谈一下你对网红的看法。

Tán yíxià nǐ duì wǎng hóng de kànfǎ.

왕홍에 대한 당신의 견해를 말해 보세요.

708. 你喜欢看直播吗？为什么？

Nǐ xǐhuān kàn zhíbò ma? Wèishénme?

생방송을 좋아하세요? 왜요?

709. 你有没有喜欢的网红？谈一下。

Nǐ yǒu méiyǒu xǐhuān de wǎng hóng? Tán yíxià.

좋아하는 왕훙 있어요? 좀 말해 보세요.

710. 谈一下你们国家的网红文化。

Tán yíxià nǐmen guójiā de wǎng hóng wénhuà.

당신 나라의 왕훙 문화에 대해 말해 보세요.

711. 很多名人特别迷信风水，你怎么看待"风水"？

Hěnduō míngrén tèbié míxìn fēngshuǐ, nǐ zěnme kàndài "fēngshuǐ"?

많은 명인들이 풍수를 특히 믿는데 당신은 풍수에 대해 어떻게 생각해요?

712. "天灾"与"人祸",哪个更可怕?

"Tiānzāi" yǔ "rénhuò", nǎge gèng kěpà?

"천재"와 "인재", 어느 것이 더 무서워요?

713. 你认为全球化能带来你们国家经济的繁荣吗?

Nǐ rènwéi quánqiú huà néng dài lái nǐmen guójiā jīngjì de fánróng ma?

세계화가 당신 나라 경제의 번영을 가져다 줄 수 있다고 생각해요?

714. 谈一下全球化带来的利与弊。

Tán yíxià quánqiú huà dài lái de lì yǔ bì.

세계화가 가져온 장단점에 대해 말해 보세요.

715. 谈一下城市化带来的利与弊。

Tán yíxià chéngshì huà dài lái de lì yǔ bì.

도시화가 가져온 좋은 점과 나쁜 점에 대해 말해 보세요.

716. 你认为大学是"私立"好，还是"公立"好？

Nǐ rènwéi dàxué shì "sīlì" hǎo, háishì "gōnglì" hǎo?

대학은 사립이 좋다고 생각해요? 아니면 공립이 좋다고 생각해요?

717. 你认为小学是"私立"好，还是"公立"好？

Nǐ rènwéi xiǎoxué shì "sīlì" hǎo, háishì "gōnglì" hǎo?

초등학교는 사립이 좋아요? 아니면 공립이 좋아요?

718. 你会让你的孩子进入公立还是私立学校?

Nǐ huì ràng nǐ de háizi jìnrù gōnglì háishì sīlì xuéxiào?

당신의 아이를 공립 학교 아니면 사립 학교에 보낼 거에요?

719. 你认为社会的安定主要靠法律维持，还是靠道德维持?

Nǐ rènwéi shèhuì de āndìng zhǔyào kào fǎlǜ wéichí, háishì kào dàodé wéichí?

사회의 안정이 주로 법률 아니면 도덕에 의해 유지된다고 생각해요?

720. 你同意学生参加课外辅导，去学院学习吗?

Nǐ tóngyì xuéshēng cānjiā kèwài fǔdǎo, qù xuéyuàn xuéxí ma?

당신은 학생들이 학원에 가서 공부하는 것을 동의해요?

721. 小学生上网弊大于利，还是利大于弊？

Xiǎoxuéshēng shàngwǎng bì dàyú lì, háishì lì dàyú bì?

초등학생이 인터넷을 하면 손해가 이득보다 더 커요? 아니면 이득이 손해보다 더 커요?

722. 幼儿园的小孩有必要去英语学院学习吗？

Yòu'éryuán de xiǎohái yǒu bìyào qù yīngyǔ xuéyuàn xuéxí ma?

유치원생들이 영어 학원에 가서 공부할 필요가 있어요?

723. 你最喜欢玩儿哪些亲子游戏？

Nǐ zuì xǐhuān wán er nǎxiē qīnzǐ yóuxì?

당신은 어떤 친자 놀이를 가장 즐겨 놀아요?

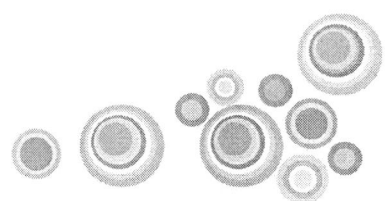

724. 你希望每天拿多长时间陪孩子?

Nǐ xīwàng měitiān ná duō cháng shíjiān péi háizi?

매일 얼마나 걸려 아이와 함께 하고 싶어요?

725. 你认为高校产业化,利大于弊还是弊大于利?

Nǐ rènwéi gāoxiào chǎnyè huà, lì dàyú bì háishì bì dàyú lì?

대학교 산업화가 손해가 이득보다 더 커요? 아니면 이득이 손해보다 더 커요?

726. 你同意大学教授在大学任职的同时开办企业吗?

Nǐ tóngyì dàxué jiàoshòu zài dàxué rènzhí de tóngshí kāibàn qǐyè ma?

대학 교수가 대학에 재직함과 동시에 기업을 설립하는 데 동의하세요?

727. 竞争与合作，哪一个更能促进人类文明的进步？

Jìngzhēng yǔ hézuò, nǎ yígè gèng néng cùjìn rénlèi wénmíng de jìnbù?

경쟁과 협력, 어느 것이 인류 문명의 진보를 더욱 촉진시킬 수 있어요?

728. 你认为性教育应该列入中学课程吗？

Nǐ rènwéi xìng jiàoyù yīnggāi liè rù zhōngxué kèchéng ma?

성교육은 중학교 교과 과정에 넣어야 한다고 생각해요?

729. 高中生能够染头发和化妆吗？谈一下你的看法。

Gāozhōng shēng nénggòu rǎn tóufǎ hé huàzhuāng ma? Tán yíxià nǐ de kànfǎ.

고등 학생이 머리를 염색하고 화장을 할 수 있어요? 당신의 생각을 한 번 말해 보세요.

730. 你怎么看待"不管黑猫白猫，能抓到耗子的就是好猫"这句话？

Nǐ zěnme kàndài "bùguǎn hēi māo bái māo, néng zhuā dào hàozi de jiùshì hǎo māo" zhè jù huà?

"검은 고양이든 흰 고양이든 쥐를 잡을 수 있는 것이 좋은 고양이다."라는 말을 어떻게 생각해요?

731. 劳心者与劳力者，哪一种人对社会的贡献更大？

Láoxīn zhě yǔ láolì zhě, nǎ yì zhǒng rén duì shèhuì de gòngxiàn gèng dà?

마음을 쓰는 사람과 힘을 쓰는 사람, 어떤 사람이 사회에 더 큰 기여를 해요?

732. 有人交的遗产税为50%，甚至更多，你认为高遗产税合理吗？

Yǒurén jiāo de yíchǎn shuì wèi 50%, shènzhì gèng duō, nǐ rènwéi gāo yíchǎn shuì hélǐ ma?

어떤 사람이 내는 유산세가 50%이고 심지어 더 많다. 높은 유산세가 합리하다고 생각해요?

733. 你觉得自己交的税多吗?

Nǐ juéde zìjǐ jiāo de shuì duō ma?

당신이 내는 세금이 많다고 생각해요?

734. 谈一下你对交税的看法。

Tán yíxià nǐ duì jiāo shuì de kànfǎ.

세금을 납부하기에 대한 당신의 견해를 말해 보세요.

735. 如果你有很多钱，你会选择移民吗? 为什么?

Rúguǒ nǐ yǒu hěnduō qián, nǐ huì xuǎnzé yímín ma? Wèishénme?

만약 많은 돈이 있다면 이민을 가겠어요? 왜요?

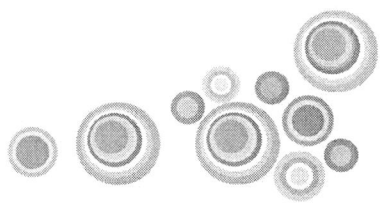

736. 原生家庭的影响大于我们后天的努力，你怎么看待这句话？

Yuánshēng jiātíng de yǐngxiǎng dàyú wǒmen hòutiān de nǔlì, nǐ zěnme kàndài zhè jù huà?

원생 가정의 영향이 우리의 후천적인 노력보다 더 큰 데 이 말을 어떻게 생각해요?

737. 韩国有义务兵役制，谈一下韩国男人去军队的好处和坏处。

Hánguó yǒu yìwù bīngyì zhì, tán yíxià hánguó nánrén qù jūnduì de hǎochù hé huàichù.

한국은 의무 병역제가 있다. 한국 남자가 군대에 가는 장단점에 대해 말해 보세요.

738. 有人提议女人也应该服兵役，谈一下你的看法。

Yǒurén tíyì nǚrén yě yīnggāi fú bīngyì, tán yíxià nǐ de kànfǎ.

어떤 사람은 여성도 군대에 복무해야 한다고 제의했다. 당신의 견해를 말해 보세요.

739. 如果女人也可以义务服兵役，请预测一下社会将会发生哪些变化。

Rúguǒ nǚrén yě kěyǐ yìwù fú bīngyì, qǐng yùcè yíxià shèhuì jiāng huì fāshēng nǎxiē biànhuà.

만약 여자도 의무적으로 군대로 가야 한다면 사회가 어떻게 변할지 예측해 보세요.

740. 大力发展旅游业的好处是什么？

Dàlì fāzhǎn lǚyóu yè de hǎochù shì shénme?

관광업을 대대적으로 발전시키면 어떤 좋은 점이 있어요?

741. 大力发展旅游业的坏处是什么？

Dàlì fāzhǎn lǚyóu yè de huàichù shì shénme?

관광업을 대대적으로 발전시키면 어떤 나쁜 점이 있어요?

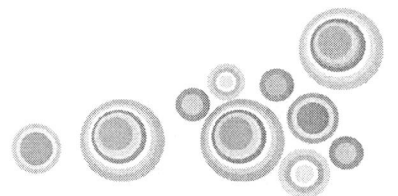

742. 什么样的社会环境能让人充满创意?

Shénme yàng de shèhuì huánjìng néng ràng rén chōngmǎn chuàngyì?

어떤 사회 환경이 사람을 창의적으로 만들 수 있어요?

743. 什么是微塑料问题?

Shénme shì wēi sùliào wèntí?

마이크로 플라스틱 문제란 무엇인가요?

744. 最近微塑料问题越来越严重,我们应该如何解决塑料过度使用问题?

Zuìjìn wēi sùliào wèntí yuè lái yuè yánzhòng, wǒmen yīnggāi rúhé jiějué sùliào guòdù shǐyòng wèntí?

최근에 마이크로 플라스틱 문제가 갈수록 심각해지고 있는데 우리는 어떻게 플라스틱의 과도 사용 문제를 해결해야 해요?

745. 如果不使用塑料，你的生活会有哪些不方便?

Rúguǒ bù shǐyòng sùliào, nǐ de shēnghuó huì yǒu nǎxiē bù fāngbiàn?

만약 플라스틱을 사용하지 않는다면 당신 생활이 어떤 불편점이 있어요?

746. 你认为安乐死应该合法化吗?

Nǐ rènwéi ānlèsǐ yīnggāi héfǎ huà ma?

안락사가 합법화되어야 한다고 생각해요?

747. 网络使人更亲近了，还是更疏远了?

Wǎngluò shǐ rén gèng qīnjìnle, háishì gèng shūyuǎnle?

인터넷은 사람을 더 가깝게 아니면 더 멀어지게 했어요?

748. 电子书必将取代纸质书，你怎么看？

Diànzǐ shū bì jiāng qǔdài zhǐ zhì shū, nǐ zěnme kàn?

전자책은 종이책을 반드시 대체할 것이다. 이런 관점을 당신은 어떻게 생각해요?

749. 中国有句老话叫"先成家后立业"，你怎么看待这句话？

Zhōngguó yǒu jù lǎohuà jiào "xiān chéngjiā hòu lìyè", nǐ zěnme kàndài zhè jù huà?

중국에는 "결혼한 후 사업을 일으킨다."는 속담이 있는데 당신은 이 말을 어떻게 생각해요?

750. 你怎么看待孔子的"三十而立"这句话？

Nǐ zěnme kàndài kǒngzǐ de "sānshí érlì" zhè jù huà?

당신은 공자의 "삼십이립" 이라는 말을 어떻게 생각해요?

751. 你怎么理解孔子的"四十而不惑，五十而知天命"这句话?

Nǐ zěnme lǐjiě kǒngzǐ de "sìshí ér bùhuò, wǔshí ér zhī tiānmìng" zhè jù huà?

공자의 "40 불혹, 50 지천명"이란 말을 어떻게 이해해요?

752. 你怎么理解孔子的"六十而耳顺，七十而从心所欲，不逾矩"这句话?

Nǐ zěnme lǐjiě kǒngzǐ de "liùshí ér ěrshùn, qīshí ér cóngxīnsuǒyù, bù yú jǔ" zhè jù huà?

공자의 "60세 이순, 70세 종신소욕, 불유구"란 말을 당신은 어떻게 이해해요?

753. 请想象一下50年以后，我们的社会是什么样子。

Qǐng xiǎngxiàng yíxià 50 nián yǐhòu, wǒmen de shèhuì shì shénme yàngzi.

50년 후의 우리 사회가 어떤 모습인가를 상상해 보세요.

754. 想象一下，如果没有了网络，手机和电脑，我们的生活会有什么变化？

Xiǎngxiàng yíxià, rúguǒ méiyǒule wǎngluò, shǒujī hé diànnǎo, wǒmen de shēnghuó huì yǒu shén me biànhuà?

만약 인터넷, 핸드폰과 컴퓨터가 없어진다면 우리의 생활이 어떻게 변화할 것인가를 상상해 보세요.

755. 美术馆着火了，一幅名画和一只猫，只能就一个，你会救哪个？

Měishù guǎn zháohuǒle, yì fú mínghuà hé yì zhī māo, zhǐ néng jiù yígè, nǐ huì jiù nǎge?

미술관에 불이 났다. 명화 한 폭과 고양이 한 마리가 있는데 한 가지만 구할 수 있다.

어느 것을 구하겠어요?

756. 你会告诉孩子童话是假的吗？

Nǐ huì gàosù háizi tónghuà shì jiǎ de ma?

당신은 아이한테 동화가 가짜라고 말해 줘요?

梦想中国语 会话

757. 最近流行一种"996, 007是福报"的说法，你怎么看待？

Zuìjìn liúxíng yì zhǒng "996, 007 shì fú bào" de shuōfǎ, nǐ zěnme kàndài?

최근 "996, 007은 축복이다"라는 말이 있는데 어떻게 생각해요?

758. 你认为极其凶残的罪犯应不应该处以死刑？

Nǐ rènwéi jíqí xiōngcán de zuìfàn yīng bù yīng gāi chùyǐ sǐxíng?

아주 흉악하고 잔인한 범죄자에 대해 사형에 처해야 해요?

759. 你认为达尔文进化论是对的吗？谈一下你的看法。

Nǐ rènwéi dá'ěrwén jìnhuàlùn shì duì de ma? Tán yíxià nǐ de kànfǎ.

다윈 진화론이 옳다고 생각해요? 당신의 생각을 한 번 말해 보세요.

760. 人有欲望是好事还是坏事？

Rén yǒu yùwàng shì hǎoshì háishì huàishì?

욕망이 있다는 것이 좋은 일인가요? 아니면 나쁜 일인가요?

761. 怀疑是好事还是坏事？

Huáiyí shì hǎoshì háishì huàishì?

의심은 좋은 일인가요? 아니면 나쁜 일인가요?

762. 你认为人死后，灵魂还会存在吗？

Nǐ rènwéi rén sǐ hòu, línghún hái huì cúnzài ma?

사람이 죽은 후에도 영혼이 여전히 존재할 수 있다고 생각해요?

763. 请介绍一下中国春节的由来。

Qǐng jièshào yíxià zhōngguó chūnjié de yóulái.

중국 설날의 유래를 소개해 보세요.

764. 请介绍一下过桥米线的由来。

Qǐng jièshào yíxiàguò qiáo mǐxiàn de yóulái.

꾸워치아오미시엔의 유래를 소개해 보세요.

765. 为什么现代社会整容越来越普遍? 谈一下你的看法。

Wèishénme xiàndài shèhuì zhěngróng yuè lái yuè pǔbiàn? Tán yíxià nǐ de kànfǎ.

무엇 때문에 현대 사회에서 성형이 갈수록 보편화되고 있어요? 당신의 생각을 한 번 말해 보세요.

梦想中国语 会话

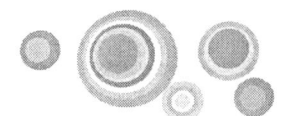

766. 请介绍一个韩国菜的由来。

Qǐng jièshào yígè hánguó cài de yóulái.

한 가지의 한국 음식의 유래를 소개해 보세요.

767. 为什么泡菜被称为韩国的国民料理?

Wèishénme pàocài bèi chēng wéi hánguó de guómín liàolǐ?

무엇 때문에 김치를 한국의 국민 음식이라고 불러요?

768. 谈一下泡菜是怎么做的?

Tán yíxià pàocài shì zěnme zuò de?

김치는 어떻게 만드는지를 한 번 소개해 주세요.

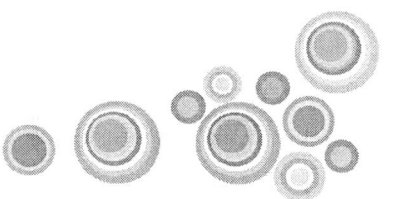

769. 谈一下韩国人和中国人的饮食文化有什么不同?

Tán yíxià hánguó rén hé zhōngguó rén de yǐnshí wén hua yǒu shén me bùtóng?

한국인과 중국인의 음식 문화 어떻게 다른지 한 번 말해 보세요.

770. 谈一下韩国人和日本人的饮食文化有什么不同?

Tán yíxià hánguó rén hé rìběn rén de yǐnshí wén hua yǒu shén me bùtóng?

한국인과 일본인의 음식 문화가 어떻게 다른지 한 번 말해 보세요.

771. 设想一下未来教育是什么样子。

Shèxiǎng yíxià wèilái jiàoyù shì shénme yàngzi.

미래 교육이 어떤 모습인가를 상상해 보세요.

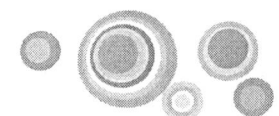

772. 你认为应该如何提高国民幸福指数?

Nǐ rènwéi yīnggāi rúhé tígāo guómín xìngfú zhǐshù?

국민의 행복 지수를 어떻게 향상시켜야 한다고 생각해요?

773. 请谈一下塑料给我们的生活带来的益处。

Qǐng tán yíxià sùliào gěi wǒmen de shēnghuó dài lái de yìchu.

플라스틱이 우리의 생활에 가져다 주는 유익한 점에 대하여 말해 보세요.

774. 请谈一下塑料给我们的生活带来的害处。

Qǐng tán yíxià sùliào gěi wǒmen de shēnghuó dài lái de hàichu.

플라스틱이 우리 생활에 가져다 주는 해로운 점에 대하여 말해 보세요.

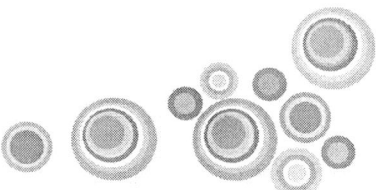

775. 你们小区附近要建一个垃圾焚烧厂，请作为小区代表说出你反对的原因。

Nǐmen xiǎoqū fùjìn yào jiàn yígè lājī fénshāo chǎng, qǐng zuòwéi xiǎoqū dàibiǎo shuō chū nǐ fǎnduì de yuányīn.

동네 부근에 쓰레기 소각장을 건설하려고 하는데 동네 대표로서 당신이 반대하는 원인을 말해 보세요.

776. 你们小区的垃圾怎么处理?

Nǐmen xiǎoqū de lājī zěnme chǔlǐ?

당신이 사는 동네의 쓰레기는 어떻게 처리해요?

777. 你对现在的垃圾处理体系满意吗?

Nǐ duì xiànzài de lājī chǔlǐ tǐxì mǎnyì ma?

현재의 쓰레기 처리 시스템에 대해 만족해요?

778. 现在的垃圾处理体系存在什么问题？谈一下你的看法。

Xiànzài de lājī chǔlǐ tǐxì cúnzài shénme wèntí? Tán yíxià nǐ de kànfǎ.

현재의 쓰레기 처리 시스템에 대해 어떤 문제가 있어요? 당신의 생각을 한 번 말해 보세요.

779. 你支持太阳能发电吗？为什么？

Nǐ zhīchí tàiyángnéng fādiàn ma? Wèishénme?

태양열 발전을 지지해요? 왜요?

780. 海洋污染问题存在吗？谈一下你的看法。

Hǎiyáng wūrǎn wèntí cúnzài ma? Tán yíxià nǐ de kànfǎ.

해양 오염 문제가 존재해요? 당신의 생각을 한 번 말해 보세요.

781. 你认为人类应该如何保护海洋?

Nǐ rènwéi rénlèi yīnggāi rúhé bǎohù hǎiyáng?

인류가 어떻게 해양을 보호해야 한다고 생각해요?

782. 你认为人类应该如何保护森林?

Nǐ rènwéi rénlèi yīnggāi rúhé bǎohù sēnlín?

인류가 어떻게 삼림을 보호해야 한다고 생각해요?

783. 谈一下你对恐龙的认识和了解。

Tán yíxià nǐ duì kǒnglóng de rènshí hé liǎojiě.

공룡에 대한 인식과 이해에 대해 말해 보세요.

784. 你认为恐龙灭绝的原因是什么?

Nǐ rènwéi kǒnglóng mièjué de yuányīn shì shénme?

공룡이 멸종된 원인이 무엇이라고 생각해요?

785. 你同意全社会强制禁烟吗?

Nǐ tóngyì quán shèhuì qiángzhì jìnyān ma?

당신은 전사회가 강제로 금연하는데 동의해요?

786. 你同意全社会强制禁酒吗?

Nǐ tóngyì quán shèhuì qiángzhì jìnjiǔ ma?

당신은 전사회가 강제로 술을 금주하는데 동의해요?

梦想中国语 会话

787. 你们国家的人喝茶多还是喝咖啡多，为什么？

Nǐmen guójiā de rén hē chá duō háishì hē kāfēi duō, Wèishénme?

당신의 나라 사람들은 차를 많이 마셔요? 아니면 커피를 많이 마셔요? 왜요?

788. 人们常说"知足者长乐"，但有人认为"不知足者常乐"，你怎么看？

Rénmen cháng shuō "zhīzú zhě chánglè", dàn yǒurén rènwéi "bùzhī zú zhě cháng lè", nǐ zěnme kàn?

사람들은 늘 "만족한 사람이 항상 즐겁다."고 말하지만 어떤 사람들은 "만족하지 못한 사람이 항상 즐겁다."고 생각하는데, 당신은 어떻게 생각해요?

789. 付出一定会有收获吗？

Fùchū yīdìng huì yǒu shōuhuò ma?

노력은 반드시 수확이 있어요?

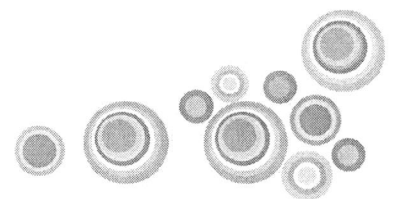

790. 最近流行一种说法叫"内卷化",谈一下你对"内卷化"的看法。

Zuìjìn liúxíng yì zhǒng shuōfǎ jiào "nèi juǎn huà", tán yíxià nǐ duì "nèi juǎn huà" de kànfǎ.

최근에 "내권화"라는 말이 유행하는 데 "내권화"에 대한 당신의 관점을 말해 보세요.

791. 你怎么看待三星李健熙会长的"除了老婆孩子,一切都要变"那句话?

Nǐ zěnme kàndài sānxīng lǐjiànxī huì zhǎng de "chúle lǎopó háizi, yīqiè dōu yào biàn" nà jù huà?

삼성 이건희 회장이 "마누라 자식만 빼고 모든 것을 다 바꿔라"란 말을 어떻게 생각해요?

792. 古人说"难得糊涂",你认为这是对的吗?

Gǔrén shuō "nándé hútú", nǐ rènwéi zhè shì duì de ma?

옛 사람이 "난득호도"라고 했는데 이것이 옳다고 생각해요?

梦想中国语 会话

793. 学习与实践，你认为哪个更重要？

Xuéxí yǔ shíjiàn, nǐ rènwéi nǎge gèng zhòngyào?

학습과 실천 중에서 어느 것이 더 중요하다고 생각해요?

794. 学历和能力，你认为哪个更重要？

Xuélì hé nénglì, nǐ rènwéi nǎge gèng zhòngyào?

학력과 능력 중에서 어느 것이 더 중요하다고 생각해요?

795. 现代社会更需要"专才"还是"通才"？

Xiàndài shèhuì gèng xūyào "zhuān cái" háishì "tōngcái"?

현대 사회에서는 전문적 인재 아니면 통합적 인재가 더 많이 필요해요?

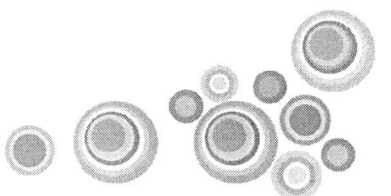

梦想中国语 会话

796. 你是一个"专才"还是"通才"?

Nǐ shì yígè "zhuān cái" háishì "tōngcái"?

당신이 전문적인 인재 아니면 통합적인 인재예요?

797. 机遇和奋斗，你认为哪个更重要?

Jīyù hé fèndòu, nǐ rènwéi nǎge gèng zhòngyào?

기회와 노력 중에서 어느 것이 더 중요하다고 생각해요?

798. 5G 时代到来了，它会对我们的生活带来哪些影响?

5G shídài dàoláile, tā huì duì wǒmen de shēnghuó dài lái nǎxiē yǐngxiǎng?

5G의 시대가 왔다. 그 것이 우리의 삶에 어떤 영향을 미칠 거에요?

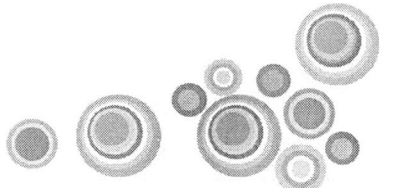

799. 你认为我们生活在一个什么样的时代?

Nǐ rènwéi wǒmen shēnghuó zài yígè shénme yàng de shídài?

당신은 우리가 어떠한 시대에 살고 있다고 생각해요?

800. 预测一下, 将来是一个什么样的时代?

Yùcè yíxià, jiānglái shì yígè shénme yàng de shídài?

미래 시대를 예측해 보세요.